平凡社新書
1077

田舎の公立小中高から東大に入った私の勉強法

中村希
NAKAMURA NOZOMI

JN196597

HEIBONSHA

田舎の公立小中高から東大に入った私の勉強法●目次

東大に合格《うか》るために大事なこと

こんにちは！　中村希です。

この本を手にとっていただきとってもうれしいです。ありがとうございます。そして、この本を手にとってくださったということは、日々子育てをされている方だと思います。毎日本当にお疲れさまです。

私たちって本当に尊いですよね。これからの時代の「国力」をつくっているわけじゃないですか。どんな仕事も尊いと思いますが、子育ては「国家最大のプロジェクト」なのではないかと感じています。3児のお父さんとして育児休暇を3回取得したサイボウズの青野慶久《あおのよしひさ》社長も「子育ては最強の市場創造だ」と動画でおっしゃっていまして、私は思わず、「その通り！」と声をあげてしまったことがあります。

この本を手にとっていただいた時点で、皆さんはさらに何かを知ろう、学ぼうとされているわけで、子育てもされながら、よりよくなりたい、よりよくやりたい、よりよくありたい、と思っていらっしゃるのですよね。そんな向上心のある皆さんのお子さんはすでにとっても幸せだと思いますし、もうそれだけで素晴らしいのですが、せっかく手にとってくださったのですから、この本が皆さんにとって何かしらお役に立てたらとってもうれしいです。

自己紹介が遅くなりましたが、私、中村希は、長野県諏訪市で生まれ育ちました。公立の小学校、中学校、高校を経て、一浪して東京大学理科II類に入学し、現在は9歳、7歳、5歳の男の子たちを育てています。そして長男が生後4ヵ月だったころに始めた学習塾「みらい塾エイトステップス」の塾長でもあります。

経営している塾には、幼稚園の年長さんから高校生までの子どもたちが通ってきてくださっています。塾では主に、受験（中学受験、高校受験、大学受験）の指導、学校の学習サポート、思考力・読解力・表現力育成を行っています。ありがたいことに、ここ数年で生徒さんの数が増え、大学生の力もおかりしながら運営をしています。

本書では、東大を目指して合格し、卒業した者として、また、年長さんから高校生の勉強に密に関わらせていただいている者として、さらにさまざまなご家庭の保護者の方々やお子さまとお話しさせていただいている者として、さらにさらに、東大をはじめとしたいわゆる偏差値の高い大学の大学生の皆さんと関わらせていただいている者として、そしてまさに子育て真っ只中の母親として、「東大に受かる人ってこんな人だなぁ」「こんな風に子育てできれば最高なんじゃないかなぁ」「こんな風に勉強をしてきました」なんていうことを共有させていただけたらと思います。

ただ本書では、多くの本で語られているような「東大生はこんなことをやってきました！」というノウハウ的なものではなく、私の主観や解釈を多く織り交ぜながら「東大に入るような人ってこんな環境で育ってきているようだ」「こんなマインドで保護者が子育てに向き合うことが必要なのではないか」ということを語らせていただきます。

一切飾ることなく、ざっくばらんに等身大の自分で語りたいと思いますので、ドン引きされてしまう方もいらっしゃるかもしれませんが（笑）、「こんな感じで育ってきても、東大に行けるんだ！」「ヤバい母親じゃん！」なんてツッコミを入れていただきながら、ゆったりリラックスしてお読みいただけたらうれしいです。

さて、そろそろ本題に入りましょう。

私の考える、東大に行くためにもっとも大事なことは、

「やりたいことをやりたいからやる」

「やりたいことはどうしたらできるんだろう、と考え行動し続ける」

という思考・行動の習慣です。

塾のアルバイトの東大生たちも、そして私自身も、「（自分が）やりたいかどうか」を、すべての行動の判断基準にしている人がほぼ１００％であるように思います。

親や先生など周囲の大人から「勉強をしなさい」と言われ続けてきたという東大生、そして東大卒の人は、皆無なのです。つまり、少なくとも私の周りの東大生は、どこかの時点で「自ら」勉強しようという気持ちになって、勉強し続けてきたということです。

ということは、外部から「勉強しなさい」という強制によって「やらされ」て勉強をしている人は、最後までたどり着くことができず（東大に合格できず）、東大に向かうための受験レースの途中で脱落してしまう、ということになります。そうなると、「いかに子どもが自ら『勉強しよう』と思う環境、状況を周囲の人たちがつくるか」がとっても大事になってくるわけです。

「東大生」と聞くと「お堅い」「ガリ勉」といったことをイメージされるかもしれませんが、逆に「ゆるゆる」「ウケる」世界線で生きてきた私が東大に合格するまでのストーリーと自分の育児をざっくばらんに語ることで、「どう育ってきたのか」「どんな風に勉強をしてきたのか」「自分は今どんな子育てをしているのか」についてお伝えできたらと思います。

では、しばしお付き合いいただけましたらうれしいです。

第1章

田舎の
公立小・中・高校出身の私が
東大生になるまで

東大の入学式会場にて。合格した喜びをかみしめる

3姉妹の末っ子

私が生まれ育った諏訪市は、長野県の南部に位置しています。近くには「御神渡《おみわた》り」で有名な諏訪湖があり、四方を山に囲まれた自然豊かなところです。

ゆったりとした時間が流れている街の、ごくありふれた一軒家に、父と母、4つ上の姉と3つ上の姉、そして父方の祖父、祖母と同居していました。父は家から歩いて10分ほどのところに個人塾を経営しており、母は末っ子の私が小学校に入学するまでは専業主婦、小学生になってからはお弁当屋さんをやっていました。庭のある大きな家で（田舎によくありがち）、家には親族や父の塾の生徒さんが集まったり、自分自身も友だちを呼んだりして遊んでいました。家族全員、人を招き入れることが好きなオープンな性格でした。

諏訪市には、プリンター製造などで世界的に有名なセイコーエプソンという会社やその関連企業があります。私の家の周りは、エプソンにお父さんやお母さんがお勤めされているご家庭が多い地域でした。なので、今思うと田舎とはいえ、比較的教育水準が高かったように感じます。実際、お友だちの家に遊びに行ったら、その子のお父さんの部屋に本がたくさん並んでいたということも少なくありませんでした。でも、文教都市という感じではなく、郊外都市にあるような、どことなくのんびりした街でした。

食べ残しを紙で丸める

3歳のときに家からバスで15分ほどのところにある幼稚園に通い始めました。第2章で詳しくお話ししますが、たまたまモンテッソーリ教育をしている幼稚園で、のびのびと楽しく通園していました。どこにでもいそうな普通の子どもでしたが、自分でやりたいと決めた好きなこと以外は、絶対に長続きしないという子どもでもありました。

また、3姉妹の末っ子なので、基本的にはものすごく要領が良く、父母や祖父母に怒られないように、面倒なことからいかにうまく逃げ切れるのかを考えることが得意でした。今でも怒られることはすごく嫌いで、どうしたら怒られずに済むかを必死に考えて生きています（笑）。

朝ごはんが食べきれない、ということ、皆さんはありませんでしたか？　もしくは、お子さんが食べきれないという方、いらっしゃると思います。私もなかなか食べきることができない子どもでした。でも、ご飯を残すと怒られる、と思ったからか、ある日、誰もいない隙にご飯をティッシュにくるんでゴミ箱に捨てていた記憶があります（ちなみにみそ汁もティッシュに吸わせて捨てた記憶あり！　汗）。

今になって思うと「そんなことしてもバレるよ。なんてバカなことをしていたんだ！」と自分でも呆れますが、そのくらい「怒られないこと」が自分の中で大事なことだったようです。人目を盗んで証拠隠滅を図るとはなんとも悪知恵が働く子どもですよね。

東大合格の原点？　「負けず嫌い」の私の誕生

生まれた瞬間から姉2人がいる状態で、「（姉たちは）ずるい」「（姉たちが）うらやましい」「（姉たちには）負けたくない」という気持ちは物心ついた頃から芽生えていました。

また、友だちに対しても、幼稚園時代からものすごく強い「負けたくない」という気持ちがありました。おもちゃを取り合ったり、友だちの妹におもちゃを貸したくなかったので言い合いになったり、とにかく気が強い子どもでした。年中、年長さんのときには、好きな男の子を友だちと取り合っていました（その「好きな男の子」には相手にされず、その男の子は別の女の子のことが好きだったということをだいぶ後に知ることになるのですが……涙）。

この「負けず嫌い」という性格、それもものすごく強い「負けたくない」という気持ちが、東大合格まで大きく関わってきます。

口ぐせは「のんちゃんも！」

小学校入学後も相変わらず「超」がつく負けず嫌いでした。姉が持っているものは何でも欲しがり、また姉たちがやっていることもいつもうらやましがっていました。

「お姉ちゃんが持っているノート、のんちゃん（私のことです）も欲しい！　買って！」

「お姉ちゃんが遊びに行っているから、のんちゃんも一緒に行きたい！　だめ？」

というようなことを常に言っていました。さらには、

「お姉ちゃんが行っている耳鼻科にのんちゃんも行きたい！　ずるい！」

ということまでも言って父や母を困らせていた記憶もあります。病院に行くことをうらやましがる子どもって一体……という感じですよね（汗）。

　小学3年生頃から「勉強で勝ちたい」という気持ちが芽生えてきました。小学校の中～高学年のとき、国語の授業でディベートの時間があったのですが、ディベートの面白さに目覚めた私は「友だちに絶対に負けたくない！　負けない！」という気持ちで毎回ディベートに臨んでいました。

　自分が60点しかとれなかったテストで友だちが90点をとっていると、それはもう、〝噴火〟しそうなほど悔しがっていました。勉強は初めから苦手ではなく、その頃から「勉強＝人に勝つための一つの手段」にはなっていました。

宿題は朝にやるのがルーティーン

とにかく、闘志むき出しだった子ども時代だったのですが、さすがに今ではあからさまに闘志を燃やすということはなくなりました。ただ、大人になった今も変わらないのが「遅刻癖」。ギリギリ間に合えばそれでいい！　最終的に間に合えば最高！　という考えがベースにあるのです。

基本的に面倒くさがりで、できることなら動きたくない。時間もギリギリになるまで動きたくない。やらなくていいことはやりたくない、という感じなんです。

こんな性格なので、学校に行くときには通学路ではなく、近道を選んでいました。また夕食後の片付けは「のんちゃん手伝ってないでしょ」と家族の誰かに言われるギリギリのラインを狙ってサボっていました。

学校では快活で優等生タイプではあったのですが、宿題は当日の朝にしれっとやって出すような要領の良さを発揮していました。教室に入る前、廊下で「よし、３分でやるぞ」と自分を追い込んで宿題をやっていました。その時間はとにかく集中するんです。今でもこのギリギリ癖、というか「ギリギリでも間に合えば成功！」というスタンスは自分を構成している無視できない要素であるように思います。

私の塾に相談にこられるお母さまで「うちの子はギリギリにならないとやらないんです」とおっしゃる方がいますが、それを聞くと「え、私もギリギリにならないとやらないんだよなー、というか私はお子さまよりもギリギリ人間です。多分。いや、絶対に」と思っています。

そして、これは私の偏見もあるのですが、ギリギリ人間のほうが東大は目指しやすいように思うのです。というのも、難易度も非常に高く、科目数も多い東大の試験を気持ち的にも時間的にも余裕をもって合格する、ということはほとんどの場合あり得ないことで、「いけるかな、いけたとしても超ギリギリ受かるかどうかだな」という状況にならざるを得ません。

ギリギリな状態であっても、プレッシャーに押しつぶされることなく前向きに考え行動し続けることができないと東大には合格できないので、何事も用意周到で安心して事に臨みたい人ではメンタルがもたないのでは、なんて思ってしまいます。

（余裕で受かればいいだけの話なのですが！　なので逆に、用意周到で臨みたいタイプの人が東大にいた場合、相当すごい人だと思います）

小学校のとき、だいたいギリギリの時間で行動していて、「あと3分で学校に着かなければ！」と近道を猛ダッシュしたり、廊下で立ったまま宿題を解いたりしたことは、「ゴールから逆算して、それに間に合わせるために最善を尽くす」という集中力を身につけることにもつながっていたのかなと思っています。

『地獄先生ぬ〜べ〜』で国語力を身につける

私は大人になるまで本を読むことが好きではありませんでした。何と言っても面倒くさがりですから。不必要に活字を見る、なんていうことは全くしませんでした。ただ、漫画は大好きで、家にはたくさんの漫画があったのでよく読んでいました。

初めて親に買ってもらった漫画は『地獄先生ぬ〜べ〜』。小学校4年生のとき、マラソン大会で頑張って走り切ったご褒美に買ってもらって喜んで読んでいました（結果は14位でしたが……）。そこで多少の語彙力は身についたと思います。多少ですが……。

塾にこられるお母さまで「うちの子は本を読まないんです」とおっしゃる方がいますが、あまり気にしなくてよいと思います。もちろん、本をたくさん読む子は読書を通じて語彙力などが身につくので、国語が得意である傾向はあります。

私は本をほとんど読まずに育ってきたこともあり、高校3年生までは国語は得意ではありませんでした。高校時代には10点台をとることもありました。ただ、読解問題の「解き方」というものがあることを知り、入試問題の過去問を何度も解き直しては完璧になるまで先生に添削してもらったことで、国語の点数がみるみる上がり、東大レベルの国語の問題も解けるようになりました。

国語の問題を解くのに、豊富な読書経験やなにか特別な感性は全く必要ありません。国語の問題も算数や数学と全く同じで、論理的な思考ができるかが問われています。そこに使われている文字が「数字や数式」なのか「日本語」なのかが異なるだけです。少なくとも今の受験国語で必要なのは(一部の小論文などを除いて)「自分はこう思う」「実はこうだったのではないか」と想像する力ではなく、「文章にこう書いてある」と筆者が書いたことをそのまま受け止められる力です。本を読んでいないことは、少なくとも受験のための「国語」ではビハインドにはなりません。

中学受験の話題はなかった

こんな感じでごく普通に小学校時代を過ごしていました。今改めて振り返ってみても、本当に普通な子どもでした。ただ、「勉強だけは負けたくない」こと、「ムダなくどうやり切るか」という気持ちや考えは友だちよりも突出して高かったですね。なので、子どもながらにこだわりは強いほうだったということになりますね。

こだわりが強い人って何かとマイナスイメージが持たれやすいですが、私の場合は、のちのち、東大を受ける際にモチベーションを上げて、それをキープすることに直結しましたし、また、不必要なことはやらないという基本的な姿勢は、1週間、1ヵ月、1年間の予定を立てるときに大いに役立ちました。

何かと自分の頭で考え、自分でこなしてしまう、そして勉強もできた子どもでしたが、家や学校では中学受験の話題は一切出ませんでした。今や大都市圏では中学受験をする子が多いのですが、私の住んでいた諏訪市では中学受験をする子はほぼゼロに近かったのです。そんな感じだったので、ごく普通に地元の公立中学に進学したのでした。

憧れの先輩と出会い〝剣士〟になる

中学校に入ると同時に、憧れの女の先輩に出会います。その先輩が部長をやっていた剣道部に入ることに。剣道は、冬は寒く夏は暑く、防具も臭くなる過酷なスポーツですが、一瞬の隙も作らないようにしつつ相手の隙を探る、極めて高い集中力が求められるスポーツでしたので大好きになりました。

基本的には、今取り組んでいるものに対して全力で取り組み、よりよく、より楽しむ、というスタンスで生きていたので、剣道もよりうまくなるように取り組む日々が始まりました。

そこで始めたのが「毎日の素振りと筋トレ」です。毎日やることで、実感できるほどに竹刀《しない》が速く振れるようになり、「毎日やるとこんなに違いを生み出すことができるのだな」と、継続の力を強く体感した初めての経験となりました。

勉強は「人に勝つためのツール」

　中学生になって勉強はますます好きになりました。というか、私にとって〝武器〟になっていったような感じです。中学に入学すると「定期テスト」というはっきりと点数で上下が出てくるものが登場して、私の「負けず嫌い」のマインドはいかんなく発揮されるようになりました。勉強をして満点をとれば無敵、満点でなければ負けというゲームをやっているようなワクワク感が私の心を刺激したのです。当時は学年1位の座を幼なじみのカズキ、ユウタ、そして私の3人（のちに全員東大に進学することになる）で取り合っていました。

　塾をやっている父をもつ娘としても、小学校からずっと一緒で中学校でも仲良しにしていた皆の輪から抜けることはできないという気持ちからも、「勉強」というフィールドで他の人に負けることとは、自分の中で完全に「ナシ」でした。なので、「勉強がイヤだ」とか「勉強がわからない」とか「勉強は好きじゃない」などという発想自体がありえませんでした。とにかく「勝ちたい」。「勝つために何をすればいいのか?」という意識で、すごく前向き、前のめり、前のめりすぎる姿勢で取り組んでいたと思います。

恋バナ、楽しい!

とはいってもひたすら勉強ばかりしている「勉強の虫」という感じでは全くなく、友だちとの遊びも大事にするほうでした。「なんとなくかっこいい」と思って、いわゆる不良みたいな子が行っていたゲーセンに通っていた時期もありました。ゲーセンに行っている子は周りから一目置かれていた感じでしたので、ゲーセンデビューできた自分が誇らしくなったこともありました。ただ、基本的に無目的でダラダラと時間を過ごすことが大嫌いだったので、次第にゲーセンからは足が遠のくのですが……。

もちろん、毎日がリア充だったというわけではありませんでした。休み時間は1人で過ごすこともありましたし、1人でいるのが辛いときにはトイレで時間を潰すこともありました。

また姉が2人いることもあって、とってもマセていました。他の女子と変わらず、基本的に友だちと話す内容は「恋バナ」で、常に好きな人がいるような恋多き中学生でした(ただ、残念ながら基本的に全部片思いで終わるのですが)。

そんなこんなで中学3年を迎えました。高校受験を本気で意識し始めたのは夏休みころからでした。学校や塾のテストは常にトップにいましたので、特段、進路を心配することもなく、地元のトップ校、長野県諏訪清陵高校に行くことは当たり前だと認識していました。父も姉もその学校に通っていたので、高校といえば、諏訪清陵高校という感じでした。私も同じ高校に通えることは嬉しかったですね。

「ザ・青春の日々」

高校生になると、高校受験が終わった解放感や、新しい友だちに出会えた高揚感もあり、まさに「青春!」といったような楽しい日々を送りました。バドミントンを新しく始めて練習に打ち込んだり、部活の帰りに友だちとコンビニに寄ってアイスを食べたり、プリクラを撮ったり、カラオケに行ったりして、勉強とは程遠いような日々を送っていました。

いよいよ彼氏というものがほしくなり、高1の夏前には毎日部活の友だちと「彼氏ほしいー」なんて言っていました。友だちが紹介してくれた人と付き合うことになって花火大会に行ったり、甘酸っぱい日々を送ったりもしました。

何も考えなくてよかった、ひたすら遊んでいた高校1年生が終わり、2年生になると、だいぶ状況は変わってきます。動きの早い友人だと、高校2年生から予備校に行くために部活をやめる人も出てきました。初めは20人ほどいたバドミントン部も半分ほどが勉強などを理由にやめていきました。そのたびに私は「絶対に両立してやる。部活やめなくても勉強頑張れたよ！　って言ってやる」なんて静かな闘志を燃やしていました。

今思うとなんでそんなに闘志を燃やすのかわからないくらい、闘志むき出し、負けたくない精神で部活も全力でやり、その頃から勉強にも少しずつまた力が入るようになってきました。

アラスカに行きたいから理系

高校2年生の夏になると、いよいよ文理を選択して志望校を決める時期になってきます。特に苦手もなく得意もなかったので文理はどちらでもいいな、と思っていました。

結局文理をどうやって決めたかというと、「アラスカに行けるから」という決め方でした。「なんだよ、それ！」という感じですよね（汗）。

当時、私の行っていた高校はSSH（スーパーサイエンスハイスクール）という指定を受けており、理系を育てるための補助金が学校に出ていました。学年は「文系」「理系」「SSH（理系）」の3コースに分かれていて、「SSH」コースに入ると、補助金を使って格安で、研修としてアラスカに行ける、という特典があったのです。その特典に惹かれた、という理由だけでSSHコースを選び、理系になったというわけです。文系か理系かで悩む学生さんはたくさんおられると思いますが、このような文理選択の決め方は本当にお勧めしません（笑）！　自分の興味がどんなことに向いているのかを、周りに左右されずに見つめたほうがいいと思います。

姉の雪辱と父の期待と幼なじみへの闘魂

そんな経緯で理系になり、では志望校はどう決めたか、というと、ここでキーとなる存在が3つ出てきます。

1つめは姉の存在です。4つ上の一番上の姉は、浪人時代に東大を目指していたようで、家に『東京大学機械的合格法——難関大学を突破する超合理的勉強術』という本がありました。司法試験、大学受験指導で定評のある著者の柴田孝之さんが書いた合理的な勉強法を紹介する本です。それを私は高校1年生のときに目にしていて、「この通りにやれば東大に受かるのか。やることやれば私も東大に行けるかも？」と思ったのでした。

私は「自分のやりたいことをゼロから作り出す」というよりは、「すでに用意されている選択肢からより良いものを選ぶ」タイプで、過去にも、姉がやっているものを真似してその少し上を行こうとする習性がすごくありました。なので、どの大学を受けるのかを決める際にも、「お姉ちゃんが行きたかった東大に行けたらすごいかも？」という思いはありました。

2つめは父の存在です。父は普段は経営している塾にいてあまり家にはいなかったのですが、格言めいた「書」を書いて私によく渡してくれていました。その中に「目標は常に高く　意志ある限り可能になる」というものがありました。それは私の脳裏に今でもしみついています。また、高校1年生のときに父に「のんちゃん、東大いくか！」と冗談交じりで言われたことも大きかったと思います。

3つめは幼なじみの存在です。先ほども出てきた、小中の同級生、カズキ、ユウタ、そしてモリさん。この3人と仲良くしていなかったら東大を目指していなかったかも、と思うくらい彼らの存在は大きなものでした。

高2のある日、カズキ、ユウタ、モリさんといつものように会っていろいろとおしゃべりを楽しんでいました。ふとしたことから大学受験が話題になりました。

私「大学どこにする～？」

ユウタ「東大かな～」

カズキ「俺も東大だよ」

モリさん「私は信大の医学部」

姉と父の言葉はあったものの、そのときまでは現実的な志望校になることはあまり考えていませんでしたが、この友人たちの言葉によって、

「え?! まじか。うわー、まじか。まじで東大か……。いやでも絶対に負けたくないじゃん。絶対に負けるわけにはいかないじゃん。医学部に負けないとか東大しかないじゃん」

と思い、志望校が自動的に東大になったのです。

戦略を立てるのに時間を使いすぎる件

そこから、「負けられない闘い」が始まりました。とはいえ、田舎の自称進学校なのでまだまだ危機感というものはありません。部活も高3の夏の最後の大会が終わるまで、またそのあとの文化祭も本気で取り組み、ようやく落ち着いて勉強をし始めたのは高3の秋からでした。

東大に行きたい気持ちは純度100%だったので、もちろん本気で受験勉強に取り組みました。一番力を入れたのは「戦略立て」「計画立て」です。

勉強時間が5時間あるとしたら、そのうちの1時間は「どうしたら東大に受かるか」「ではこの3ヵ月、この1ヵ月、この1週間何をしたらよいのか」ということを考えることに時間を使いました。「その時間、勉強したほうがよいのでは？」とツッコまれそうですが、戦略と計画立てに多くの時間をかけたことが結果としてとても良かったと思います。

なぜそこまで戦略と計画を立てるのに時間を使ったのか？　それは、高校3年生の夏、現役の東大生によるオンライン授業を受けたことが大きく影響しています。東大生から言われたのは、「自分でやることとやらないことを取捨選択しないとダメだよ。自分の状況は自分にしかわからないからね！」ということでした。東大生が言うなら間違いないということで自分で計画を立てることになり、それが習慣化されていきました。

東大に行けなかったら死のう

ここまではわりと余裕をかましている私、という感じで本書を書き進めてきましたが、やはり受験には不安はつきものです。「落ちたらどうしよう」「これで受かるのか」「一生受からなかったらどうしよう」「やはり東大なんて自分は狙う資格すらないのではないか」「でも、東大に行けないまま死ぬのも嫌だし東大に行けないまま生きていくのも嫌だ。東大に行けなかったら死のう」という考えが毎日頭をよぎり、精神的にも相当不安定な日々でした。

そんな不安な気持ちをすべて受け止めてくれたのが母でした。母は、励ますでもなく、鼓舞するでもなく、否定するでもなく、悲観するでもなく「のんちゃんが死ぬならママも死ぬよ」と言って寄り添ってくれました。「いや死ぬなよ！（笑）」と今ならツッコめるのですが、当時は本気で「東大に受かる」ことしか考えていませんでした。

年が明けてセンター試験を受け、そして受験シーズンが本格的に始まりました。

東大しか頭になかったので、東大１校しか受けませんでした。このことを人に話すと「ええっ！　そんな危険なことをしたの？」と驚かれるのですが、事実、東大しか受けませんでした。正直申しますと、東大以外は大学ではないと思っていたのです（ああ……こんなことを考えていた私、本当に幼いですよね。その頃の私に教えてあげたいです。大学はたくさんあるよと）。

できるかぎりのことをしましたが、結果は「不合格」。一緒に受けた仲間のうちで受かったのはユウタだけでした。憧れていた人に思い切りフラれたという感じで、結果を知った日は心にポッカリ穴があいたような気持ちになりました。ただ、絶望というよりはどこかスッキリした気持ちもありました。自分自身でも、こりゃダメだと圧倒的に力のなさを感じていたからです。父と母もごく普通に接してくれましたし、慰めの言葉もなかったくらいいつも通りの一日でした。

発表翌日には気持ちが切り替わっていて、すぐに予備校入学のための手続きを始めました。過ぎたことを考えることはムダな時間！　来年に向けていざ作戦開始！という感じでした。

上諏訪駅での雄叫び

浪人期間は、松本駅近くの信州予備学校（通称「信ヨビ」）に毎日通いました。担任の先生がいてアットホームで面倒見がよい予備校でした。同じ高校の友だちも同じ予備校に通っていたので、心強かったですし、勉強の前後は仲良しの友だちで集まって勉強のことから、たわいない話をしたりとても楽しい時間を過ごすことができました。浪人は孤独な気持ちになりやすいと聞いていたのですが、あまりそういう気持ちにならなかったのは、こうした仲間がいつもそばにいてくれたこと、それがとても大きかったと思います。友だちの大切さを身をもって知ることができた1年間でもありました。

そして2度めの大学受験は、さすがに2浪は避けたかったので、東大のほかに、早稲田大学の政治経済学部と人間科学部、慶應義塾大学の経済学部を受けました（理系のくせに私大文系トップを併願するという、これまた謎に無謀なチャレンジになってしまったのですが……）。

久しぶりに東京に出てくるだけで少し緊張しました。周りの子たちがものすごく頭がよさそう、いかにも優等生タイプばかりだなと改めて思ったのと、同じ高校ですかね、複数人で東大受験をしている人が多くて驚きました。東京の学校は違うなあ〜と思ったものです。でもそれが、「負けない！」の魂を刺激しました。また、早稲田大学人間科学部しか受かっていなかったので、東大に受かるしかないと背水の陣で挑みました。

合格発表は父と姉（その頃姉は大学生で東京に住んでいた）が見に行ってくれて、その結果を母と長野で一緒に電話で聞く形になりました。近所のセブンイレブンの駐車場にいるときに、父から電話が来て、

「のんちゃん、受かってる！！！！！！　番号が、ある！！！！」

ということを聞いた瞬間、母と号泣。何度も「本当に番号合ってる？」と確認をしました。あのときの喜びはなかなか人生で何度も味わえないような喜びです。

そこから急遽、特急「あずさ」に乗って東京に向かうのですが、出発する駅の上諏訪駅で「うぉ〜〜〜！！！　私は東大に受かったぞぉ──！！！！！　本当に受

かったんだぞーーー!!!!! 東大に! 受かったんだぞーーー!!!!!」と雄叫びをあげながら走りたいくらい嬉しかった記憶があります(実際にはそんなに叫んでいません。笑)。

ということで、無事、東大生の私が誕生しました。

パリピ爆発

それから約2週間後、世田谷区砧で3姉妹での共同生活が始まりました。はい、もうこの一文を読んだだけでご想像できると思いますが、遊びたい盛りの女子3人しか家にいないので、やりたい放題、遊び放題。「人生2回目の青春時代」という感じで日々を謳歌していました。

大学でもクラスやサークルで新しい友だちができ、ほぼ毎日、遊んでいました。それまで抑え込んでいたものが爆発するような感じで、朝から晩まで、誰かの家に行ったり、毎日のようにホームパーティーを開催したりと、あっという間に時間が過ぎていきました。

「私、勉強が好きじゃない？」

そんな生活を送っていたので、「もう勉強では勝てないし、どうでもよくなってきた」という気持ちのほうが大きくなってしまい、目標は大学卒業、という感じになってしまいました（トホホ……）。また、東大に入ると周りはもちろん、勉強ができる人ばかり。そんな人を目にし、これまでとは異なる挫折を感じました。私は勉強そのものが好きなわけではなく、周りの人に勝つことが好きで勉強をしていたのだと。そんな私が根っから勉強が好きな人たちに勝てるわけがありません。次第に勉強から遠ざかるようになっていきました。

なんとか進級をし、いよいよ就職活動の時期という段階で一度、自分を見失いそうになる暗黒の時期を過ごすことになるのですが、なんとかＩＴ系のベンチャー企業に入社。入社後は営業職に配属となり、そしてしばらくして異動になって思うようにならないことが多くなってしまい、空回りする日々でした。

そして学生時代に出会った男性と結婚をし、妊娠、出産をして長男が生後４ヵ月のときに今経営している塾を開きました。

せっかく東大に入ったのに、勉強をしなくなり、嫌いになってしまったとは……、と思われるかもしれません。よく言われますよね、「東大出でもただの人」と。私もその一人なのかな、と落ち込んだ時期もありました。

でも東大に入るために一生懸命勉強をしたことで培った能力や、東大合格に向けてのエネルギー源になっていた「勝ちたい気持ち」は、私にとって大きな糧になっています。また、自分でやりたいことを見つけ、それをやり切る力も財産です。やりたいことに向かっての自分の頑張らせ方、限界を超えていくという経験はやり切ることでしか経験できません。それは、就職してから、また塾を開いてから、そして子育ての場面でも感じています。なので、東大合格に向けて勉強に打ち込んでいた日々は何一つムダではありません。30代になった今、東大合格に向けてやってきたことの価値がわかるようになったのです。

＊　＊　＊

ここまで、私の幼少期から今にいたるまでをざっと紹介してきました。皆さん、どうお感じになっていますか？　皆さんの多くは、「東大生といっても、こんな普通の生活だったのか」とお思いだと思います。また、「すごい勝ち気な子だったんだな」と思われるかもしれません。

はい、私は郊外の普通の家でぬくぬくと育ってきました。のびのびと幸せな生活を送ることができたのは父と母に感謝の気持ちしかありません。

次章からは、幼稚園、小学校、中学校で自分が行っていたこと、環境としてあったものの中で、東大合格に何かしらの影響を与えたであろうこと、ものなどを紹介していきます。

第2章

幼少期の教育環境

3歳頃の私（写真中央）。
父（写真左）と母（写真右）、二人の姉と横浜で

「○○式」などの幼児教育とは無縁

「東大を卒業しました」などと言うと、「幼稚園時代は何をしていたの?」「幼少期の教育環境について教えてほしい」「小さい頃から英才教育だったの?」など質問攻めに遭うことがあります。いわゆる、東大生のイメージが私にはないようで、そういう意味でも、私の幼少期の教育環境に関心を持っていただけるのだと思います。

そして質問を投げかけてくれた方をがっかりさせてしまうかもしれないと思いつつ、いつも「何もしていませんでしたよ〜!」としかお返事していません。

はい、本当にわが家では幼児教育、英才教育と思われるものは何もしていませんでした。小学校入学にあたっての先取り学習もしていませんし、「公文式」や「七《しち》田《だ》式」などと○○式、と言われるものも何もしていません。書店でドリルを買ってきて家で解くこともありませんでした。

ここ数年、幼少期における教育のトレンドとして「絵本や本の読み聞かせ」というものがありますが、それに関しても、親が読み聞かせをしてくれた、ということも特に記憶にはありません。

ひらがななどの文字の書き方は誰かに教えてもらったという記憶があまりありません。新聞や本などを見ながら、マネして書いていたと思います。本格的に学んだのは小学校に入ってからでした。

外で姉たちや友人たちと遊んだり、家で昼寝をしたり、おやつを食べたりと、ごく普通の子どもとして、つまり、のびのびと育っていたわけですね。

「私たちの子だから大丈夫」

でも、親だったら、「子どもの学力を高めたい」「よい学校に通わせたい」などという願いを持つのが普通ですよね。本当に私の両親が何もしていなかったのかと、改めて母に当時のことを聞いてみたところ、「幼稚園時代に勉強？　塾？　そんなこと1ミリも考えていなかったわよ！　勉強のことはママは何もわからなくてパパにまかせっきりにしていたし何もしなくても心配なかったよ」という答えが返ってきました。なんとなく予想はしていた回答でしたが、本当に両親は何も考えていなかったということが明らかになりました。

さらに私が「周りのお母さんやお父さんの話を聞いて焦ることはなかったの？うちの子、小学校の授業についていけるかしらとか不安になることはなかったの？」と聞いてみましたが、これにも「なかったわよ～」という答えが返ってくるだけでした。はい、本当に何にも心配はなかったようです。

父にも同じ質問を投げかけてみました。すると父も「不安になることは一切なかった」ということでした。父も母も、子どもをどこの学校に行かせるか、いつから塾に行かせようか、頭がよくなるには特別に何をしたらよいかということには全く関心がなかったのです。

本書の冒頭でも触れましたが、父は地元で学習塾を経営していました。塾での仕事を楽しんでいて、夏になると家に生徒さんが来てバーベキューなどをやったり、花火をしたりと、皆で楽しく過ごすことが何よりも大好きな父でした（これは今も変わらず）。おじいちゃんおばあちゃん、そして母に尊敬されている父がいて、そんな父の子なんだからこの子は何があっても大丈夫、という自信がずっとあったそうです。

そして母も父がそう思っていたように、私たちの子どもなんだから大丈夫という気持ちを持って日々を過ごしていたとのこと。また、親がいくら心配しても、子どもは親の思う通りにはならないし、子どもが行動を起こさない限り、親は何もできないと思っていたとのことでした。なので、子どもが何かアクションを起こすまで、ひたすら自由にさせておく、そんな感じの家でした。

祖父母と同居ゆえの環境

とはいえ、やりたい放題、なんでも許される家ではありませんでした。父方の祖父母と同居していたので、朝食は必ず食べる、夕飯は19時のＮＨＫニュースとともに開始する、玄関の靴は揃えておくこと、などという基本的なことは徹底されていました。またキッチンのシンクに食べた後の食器がそのままになっていたり、リビングが散らかっていたりということは絶対にありえないという環境でした。

今思うと、祖父母の「基準」がとても高かったように感じます。特に祖父はものすごく几帳面な人でした。カーテンを閉めるとき、隙間が少しでもあると気持ち悪い、ということで、カーテンの上と下の部分を洗濯ばさみで留めるというようなことをよくしていました。

また、改めて今面白いと感じていることは、祖父母の居住スペースになっていた1階と、父と母と3姉妹の居住スペースになっていた2階と3階では、だいぶ〝文化〟が異なっていたことです。なので、物心がつく頃には、1階は「散らかしてはいけない、あまり長居しない場所」という感覚があり、一方では、2階、3階は「ゆっくりとおしゃべりをする場所」という意識がありました。

そして祖父母との同居は母にとっても〝影響〟があったと思います。私の母からすれば、義理の両親が同居する家、というのは緊張感のある場であり、感情をそのまま出すということはありえなかったのだと思います。それもあったのか、母が感情的に怒ったりすることは一切ありませんでした。母は祖父母に対して気を遣うことが多く、いろいろと大変なこともあって、本当はのびのびと暮らしたかったと思います。ただ、一つの家の中に、祖父母と両親が同居するという環境、それが私を含め、子どもたちにはよかったのかもしれません。感情をむき出しにして怒るお母さんの姿は子どもたちにとってみれば、怖い大人でしかないのですから。

ママのバッグは「るいびとん」、パパの時計は「ろれっくす」

小学校に入るまで、特別なことは何もしていませんが、しいて言うなら、特定の単語を覚えるまで言わされる、ということはありました。

「ママのバッグは？」と聞かれると「るいびとん（ルイ・ヴィトン）」と答え、「パパの時計は？」と聞かれると「ろれっくす（ロレックス）」と答える、といった単純なゲームを父に会うたびに出題されていました。父からすると、これで記憶力を開発していたそうです。その頃の父は、脳科学に興味を持っていて、ちょっと長めのカタカナを覚えるのが脳によい影響を与えるということで、それを子どもに実践させていたようです。

ただ、覚えさせる単語が「るいびとん」や「ろれっくす」でなくてもよいのではと思いますよね。子どもに言わせるのだから、ブランド名ではなく、お菓子の商品名など子どもらしいかわいらしい言葉でもよかったのではないかとも思います。そこは若干、父のブランド志向も反映されていたようですが、もしかすると父には父のこだわりがあったのかもしれません。「なぜ、『るいびとん』や『ろれっくす』だったの？」と父に訊ねたことがあったのですが、「長めのカタカナで、ちょうど目の前にルイ・ヴィトンとロレックスがあったから」と言うだけで特に明確な理由はなかったようです。

成長して、「るいびとん」が「ルイ・ヴィトン」、「ろれっくす」が「ロレックス」であるということを知り、それぞれのブランドが長い歴史を持つ、クオリティの高い商品をつくるブランドなのだということを知りました。私はそれぞれに幼いときから親しんでいたので、人一倍親近感を抱いていたということはたしかです。

幼稚園に行く前に「世界名作劇場」

家の中でも特定のおもちゃで遊ぶことのない子どもでしたが、特にお気に入りの遊びがあるわけではなく、テレビはそれなりに見ていました。記憶にあるのが、当時再放送されていた「世界名作劇場」です。特に「フランダースの犬」は好きで、幼稚園に行く前の時間にほぼ毎日見ていた記憶があります。ネロが天に召されるシーンは今でも思い出すと切なくなります。

一方で、ポケモンだったり、変身系だったり、ファンタジーものなどのアニメはあまり見たという記憶がありません。そこは父が少しこだわっていたところだったようで、「いわゆる、流行りのアニメは見せたくなかった」とのこと。一時的な流行りのアニメより、ずっと昔から親しまれている物語「世界名作劇場」を見ることを通じて、本物のよさを子どもながらに実感してもらいたいとの気持ちもあったようです。最初はただなんとなくテレビを眺めるだけでしたが、その面白さに次第に惹きこまれていきました。名作といわれているその理由に納得ですね。

父のちょっとしたこだわりが感じられたものがもう一つあります。それは、日本の歴史シリーズなどの学習漫画や「〇〇のひみつ」などの図鑑、漫画のことわざ辞典などがわりと家の中で充実していたということです。少し前のところでお話ししたように、物語の読み聞かせをしてもらったわけではないのですが、漫画や図鑑だと文字を読めなくてもただなんとなく眺めているだけでいくらか新たな知識を得ることができます。

これらのことをふまえても、親が子どもに「あれを見ろ」「これを読みなさい」と言わずとも、「なんだか面白そうだな」と思ってもらえるような何かを用意したほうがよいのではないかと思います。親のこだわりは、ほんの少しだけで十分なのです。

「偶然」モンテッソーリ教育の幼稚園に通う

幼稚園選びは子育てをする中で最初に向き合う大きな行事です。眠れないほど迷う方もいらっしゃると思います。ご家庭の状況によってさまざまですが、入園する予定の約1年前から情報収集したり、見学に行ったりするケースが多いです。私の場合は、保育園に行くよりも安い、という理由で、3歳から家から少し遠いところにある幼稚園にバスで通っていました。

そこが、偶然モンテッソーリの教育を導入しているキリスト教系の幼稚園で、日中はモンテッソーリの「おしごと」に取り組む日々でした。このモンテッソーリ教育とは、簡単に説明しますと、子どもの自発性を重視した教育法のことです（もっと知りたい方は関連書を読んでください！）。

幼稚園には、ビーズや刺繡、木工などの手先の細かい作業を必要とする工作ができる環境が整えられていて、何をするのかは子どもがそれぞれ選んでよいことになっていました。私の場合は、ビーズや刺繡を手にしていたという記憶があるので、ビーズを使った人形やブローチづくりなど、そういうものが好きだったのだと思います。

私自身、子育てをしていること、そして塾を開いていることもあり、現在はモンテッソーリ教育の内容については理解しています。ただ、その当時の私の母がモンテッソーリ教育について知っていたのか、母にそのことを聞く機会があったのですが、「正直なところ、幼稚園選びにはこだわりはなかった」そう。そういう偶然に改めて感謝した私でありました。

完成しない「おしごと」

モンテッソーリの「おしごと」には、「これをやりなさい」「そろそろやめなさい」などの大人からの声かけは一切ありません。自分でやりたいこと、作ってみたいものを選び、ひとつのおしごとに何日間でも取り組んでよく、仮におしごとを完成させずに別の次のおしごとに取り掛かっても「最後までやりなさい」「なぜ途中で諦めちゃうの？」などとは何も言われない環境でした。

「やらされ」感が一切ない、とても自由な状態で、目の前にあるものにただただ没頭して集中する、という時間は、今でも大好きです。おそらくこのときに「集中する」という感覚が身についたのだと思います。もし、好きなことに取り組んでいる最中に「ちゃんと最後までやってね」「今はそれよりも他のことをやろうね」などと先生から言われていたら、先生の言う通りに途中で止めてしまっていたと思いますし、一つのことに全力で取り組む面白さに目覚めることがなかったかもしれません。

と言いながらも、私はすごく飽き性でもあります。一つのおしごとを完成させる前に、他のことに興味が移ってしまうことが多く、そうなると居ても立ってもいられない状態になって次のものに取り掛かることがよくあったそうです。なので、未完成品が友だちよりも多く、年度末（３月末）になると、おしごとでやりかけたものを保管しておく「おしごとボックス」には作ったものと作りかけのものが入りきらないくらいパンパンになっていました。

それでも、「のんちゃん、こんなにおしごとをやったね」と先生たちは声をかけてくれました。先生は褒めることも、非難することもなく、ありのままの私を受け入れてくれました。なので、子どもながらに個性として認めてもらっていた安心感がありました。偶然モンテッソーリ教育に触れ、「おしごと」の時間を得たのですが、後々のことを考えると、本当に大きな影響を与えてくれたと思っています。

「この刺繍を完成させてママにプレゼントしたい」

「おしごと」の時間は、ひたすら集中できるとても好きな時間でしたが、特に好きなおしごと、こだわりのおしごと、というものはありませんでした。そんなに集中しているのであれば、なにか強いこだわりがあったのか、と思う読者の方もいらっしゃると思いますが、これといったこだわりは持っていませんでした。ですから、おしごとで作ろうとしていたものは、折り紙で作ったお花やビーズを使ったブローチや人形、そしてノコギリなどの工具を使った置物など、非常にバリエーションが豊富でした。

幼少期を振り返っていて一貫して思うことは、「特に好きなものはない」ということです。苦手なもの、嫌いなものも特になく、「自分はこれが好き!」というものがない一方で、「自分にはこれはできない」といった感覚も一切なかったように思います。特定のものや感情へのこだわりが非常に少ない子どもでした。ただ、「目的をもって何かに取り組む」ということは好きで、特に、目的が「人が喜ぶこと」につながっているときにはより精力的に取り組むことができていた記憶があります。

今でも印象深く記憶に残っていることがあります。年長さんクラスにいたときの

5月の母の日に、カーネーションを刺繍した巾着袋を母にプレゼントしたことです。ある日、ふと「巾着袋をつくったら、ママは喜ぶかな。母の日が近いからカーネーションの刺繍を入れた巾着袋をつくってママにあげよう！」と思ったことがありました。いつも作っている人形やお花ではなく、巾着袋を作りたかったのです。それは、「ママにとって価値があるものをプレゼントしたい」という気持ちからでした。せっかく作るのだったら、贈り物をするのだったら、中途半端なクオリティのものは嫌だという思いがありました。そこまで考える子どもはなかなかいませんよね……。

刺繍の部分はおそらく20センチ以上あるもので、色も4色以上使い、手の込んだものだったと記憶しています。刺繍の部分が完成したら、今度は巾着を作り、完成した巾着に刺繍をした布を縫い付けていきます。今でも記憶に残っているくらいですから、当時は相当の気合いを入れて作り、完成したときには大きな達成感があったのだと思います。この巾着袋を手にした母はびっくりした顔をしていました。私もとても嬉しい気持ちになり、最後までやり抜いてよかったという喜びと達成感を味わったものです。どんな難しいことがあっても、最後までやり抜いたことでしか味わえない喜びがあるということを初めて感じた出来事でした。その巾着袋は現在は行方知れずですが、針のチクチク感や母にプレゼントしたときのドキドキ感は今でもはっきりと覚えています。

先生同士の会話を聞くことが大好き

先ほど述べたように、これといった好きなものは特になかったのですが、当時から大好きといいますか、趣味のようなものが一つあります。それは「大人の会話を聞くこと」です。「大人と会話すること」ではなく、「大人と子どもとの会話を聞くこと」でもなく、「大人たちが話をしていることを聞くこと」にワクワクするような子どもでした。ちょっと変わっていると思われるかもしれませんが……。

母と姉2人が話している姿を見ると、「お姉ちゃんはママと何を話しているのだろう？　のんちゃんのことかな？　それとも、お出かけのことかな？」とすごく気になって、よく聞き耳を立てていました。祖母と母の会話の中で聞き慣れない単語が出てくると、ものすごく気になって、少し時間をおいてから母に「〇〇〇ってどういうこと？」「〇〇〇って何？」と聞いていました。

特に好きだったのが、幼稚園の先生同士の会話でした。子どもたちを遊ばせたり、寝かしつけたりしたすぐそばで幼稚園の先生たちが話している姿、よく見かけますよね。子どもだったら、そんなことに関心ないのが普通かもしれません。でも私は先生たちがどんなことを話しているのかとても気になって、よく、幼稚園の先生同士で話しているところに近づいて近くで耳をそばだてて、どんな会話をしているのか聞いていました。

「〇〇〇ちゃんはちょっと意地悪なところがあるわよね。困ったわ」
「〇〇〇ちゃんと〇〇〇ちゃんは喧嘩しているようだ」
「〇〇〇ちゃんのお母さんとのやり取りがうまくいかないのよ」
などの愚痴や文句にはより耳をそばだてていました。

大人たちが話していることは何か面白いことに違いない、そう確信していたのです。

そしてそこで得た情報を自分がなにかするときにも役立てていました。「〇〇ちゃんと〇〇ちゃんは仲が悪いって言っていたな。へえ、そうなんだ！」のような感じですね。大人が考えていることを探ること、そして人が考えていることを自分なりに分析することも好きでした。今から思うと、子どもらしさがないちょっと怪しい幼稚園児でしたね。

＊＊＊

幼稚園で過ごした3年間は人生で一番自由だったんじゃないかくらいにのびのびと過ごしました。のびのびとした環境の中で、自分が好きなことを見つけ、それに没頭するという時間と快感を知りました。そしてその快感は遊びではなく、次第に「勉強」へとシフトしていきます。それでは次章では小学校でやっていたことをお話ししていきますね。

第3章

東大卒の私が
小学生時代にやっていたこと

学校に行くのが楽しかった小学生時代の私（写真右）

学校の授業にフルコミット

前の章でも触れましたが、先取り学習というものは、一切していませんでした。なので、小学校に入ったばかりの頃、ひらがなをすでにほぼ全部知っている子がいることを知り、少し不安になった記憶があります。自分の名前くらいはひらがなで書くことはできていましたが、自分よりも何か多くのことを知っている子がいることは私の心をザワつかせました。ただ、ひらがなやある程度の文字を習得できるようになるとみんな同じような学習状況になり、その不安はなくなりました。

小学校の授業で初めて見聞きすることばかりという状況だったので、何もかも新鮮でした。先生が黒板に書くこと、話すこと、教科書に載っていることは幼稚園や家では目にしたことがないものだらけ。そしてそれがわかるようになるともっと知りたいという気持ちがどんどん湧き上がってくる感じを今でも覚えています。学校に行くのが楽しくて仕方なかったです。そしてこの小学校低学年のときにはすでに「学校の授業を真剣に聞く」という習慣はついたように思います。

通学地域はのんびりとした雰囲気だったので、同じクラスにも先取り学習をしている子はほとんどいませんでした。みんな足並みを揃えて、一緒にいろんなことを同じように習得する環境だったということもあり、周囲の友だちと比べたり、一喜一憂することもなく、先生の問いかけに対しても自分の頭の中で「これってどっちが正解なんだろう？」「これはなんでなんだろう？」ということを時間をかけてたくさん考えていました。

私が今でもよく覚えている授業は、小学校低学年のときの算数の授業と、中学年のときの国語のディベートの授業です。算数の授業では、たしか、直角三角形について学んでいたときに先生が「ここの角度は何度でしょう？」という質問をし、自分が正解だと思った角度を先生が言ったときに手を挙げる、ということをしていました。

先生が質問したあとすぐにそのときに私は「答えは90度だ」と思ったのですが、他の選択肢に手を挙げる子が多く、私も多数派に流されて他の選択肢に手を挙げてしまいました。そして、「90度」で手を挙げる人は1人もいませんでした。先生が

「答えは90度です！」と言ったときに、全身から悔しさが込み上げてきました。

「私はせっかく90度が正解だと思ったのに、周りの子に流されてしまった。なんて情けないことをしたんだろう。これからは絶対に、自分が正解だと思うものに手を挙げよう。自分の思うことを言える勇気を持とう！」

低学年ながら、この一件はすごく記憶に残り、教訓になった気がします。

そして中学年のときの国語の授業は、文章を段落ごとに分け、段落ごとの要点が何なのかを議論する、というものでした。私は違う論を唱える人に対して懸命に反論していました。もちろん、反論できる何かを探して得てから、です。

この頃から私の中で「人に勝ちたい、負けたくない」という想いがより強くなり、学校生活の中でその想いが反映した出来事が出始めてきました。なので「根拠に基づいて論を展開し、人に勝つ」ディベートは、大の負けず嫌いの私の価値観に見事にマッチし、「何が何でも勝ってやる！」という気持ちで参加していました。そのディベートをした相手が、同級生である「ユウタ」であったり「モリさん」であったり「ひかり」であったりしたのですが、彼らがいたからこそ、そのディベートが盛り上がり、本気で取り組むに値するものになったのではないかと思います。

小学校に入ると、塾や通信教育というように、なにか始めなくてはと焦ることがあると思います。また、学校の授業はレベルが低いので、やらせる意味があまりないのではないかという声も聞かれます。

でも本当にそうでしょうか？　学校の授業はなにも基本的なものばかりでレベルが高くないというわけではありません。「学校の授業はつまらない」と斜に構えていると、１日が無駄になります。３６５日が無駄に過ぎていきます。それって人生そのものを無駄にしてしまうかもしれません。だったら、全力で学校の授業に臨んだほうがいいし、楽しめますよね。

こう思うと、小学校の先生たちや友人たちにも改めて感謝の気持ちが湧いてくるのです。

「お片付け大会」開催！

基本的に要領のいい子どもでした。物心ついたときから「すぐに効果や結果がわかるものをやりたい」という意識が強く、「すぐに効果や結果が出ないものは不要なこと。なので必要のないことはやらない」というスタンスは今でもちょくちょく行動に反映されています。

例えば、片付けは、「片付けをしたところで勉強ができるようになるわけではない」「今からやりたいことに直結していない」、むしろ、「片付けをしているとやりたいことをやる時間がなくなる」という認識すらあり、どうしても後回しにしてしまいます。

なので昔から自分の机のまわりは散らかっていることが多く、父や母から「散らかっていると机が使えないよ」と言われるのですが、片付けをすぐにやる重要性が認識できませんでした。

また何よりも、父のポリシーとして、美しいもの、きれいなものを追求したいという気持ちがあるようで、きれいな状態でいるのがデフォルトなのです。ということもあって、私が小学校にあがったくらいから、父が3姉妹全員参加の「お片付け大会」を開催するようになりました。大会は半年に1回ほど行われ、「制限時間内でいかに自分の机のまわりがきれいになるか」ということを3姉妹で競い合います。

「さあ、はじめ！」

と父の掛け声があり、3姉妹はそれぞれの机のあたりに向かい、必要なものと要らないものを分別したり、教科書や文房具が取りだしやすいように整理したりと黙々と作業に取り掛かります。そこでも負けず嫌いが発揮され、そのときだけは片付けに躍起になりました。

「お片付け大会」の前までは、すごーく散らかっていたために、「のんちゃんの机のきれいさの変化度が一番！」ということで、私が優勝したときには、姉たちからは「私たちはいつもきれいにしてたから変化が小さい。さぼっていたのんちゃんが変化が大きいのは当たり前だよ！　だからずるい!!」というブーイングの嵐が浴びせられました。

「お片付け大会」は私が中学校にあがるくらいまで続きました。この「お片付け大会」は、「期限までにやるべきことをやる」という逆算思考をするひとつの大きなきっかけになっているような気がします。プロセスは問われることなく結果だけを見られるからこそ、結果をイメージしてそれを実現することに集中できたことともとても記憶に残っています。

屋根に登ってみる

「やりたいことを反対される」「やりたいことをやって怒られる」ということが一切ない家だったので、やりたいと思ったことは一旦やってみる、という習慣？　習性？　がありました（というか、小学生のときには共働きで父母は日中家におらず、また同居していたおじいちゃんおばあちゃんは1階にいて大人の目が届かないところにいたので、大人から何か言われたり、特に反対されたりする環境ではなかったのです……）。

小学校3年生のときでしょうか。ある日、友だちと私の家で遊んでいるときに、なぜだかはよく覚えていないのですが、「ねぇ、うちの屋根に登ってみない？」と私が友だちに話を持ち掛けました。同居している祖父母にそんなことを言ったら絶対に止められますし、怒られると思っていたので、何も言わず、私たちはそーっと屋根に登ってみました。私が住んでいた家は3階建てだったので、小学生が気軽に屋根に上がるというのは、なかなか難しいことでした。しかし、「落ちたらケガをする」というスリルと「いけないことをしている」というドキドキ感、高いところに登って風が通り抜ける気持ちよさ、いろいろな感情を味わい、ちょっとした達成感はクセになりそうな変な感覚でした。

それからしばらくして、父に「のんちゃん、屋根の上に登ってたでしょ？　近所の○○さんが見ててておしえてくれたよ」と言われました。そのときも、特に怒られる、というわけではありませんでした。でも、「こっそりと隠れて何かをしていても、誰かが見ているからね、やったことはバレるんだよ」と暗に言われた気がしたのです。それからしばらくして、屋根に登る、というブームは終わりました。

この屋根登りだけではなく、他にも危険なことはいろいろとしていました。ただ、そのたびに父と母は「他の人に迷惑をかけないようにね」と言うだけでした。この話も私の塾の親御さんたちによくするのですが、ほとんどの親御さんたちは、「しっかり説明しないと危険性を理解しないのではないか？」と不安な気持ちを話されます。でも、遊びたい盛りの子どもたちは、説明されたからといってすべてを理解して納得できるでしょうか？　皆さんの子ども時代の頃を思い出していただきたいのですが、そんなこと、なかったと思います。危険性ばかりを意識していたら、遊びなんてできなくなってしまいます。

私の家では、「やっていいことか悪いことかは、子どもたちが判断するものだし、判断できる」という感じで圧倒的に信頼してもらっていたような気がします。だからこそ、やると決めたことは、失敗しないように慎重になってやったり、危ないと思ったらやらないようにしようと決めたりしていました。子どもの視点で危険分岐点のようなものを作って、それに基づいていろいろと判断はしていたんですね。これは後々、責任感というものにもつながっていったのかな、と思います。

「卵焼き」で学んだこと

小学生くらいになると、料理に目覚める子もいますね。私の場合、母と祖母が料理をしてくれていたので、自分で料理をしたり、手伝ったりする機会はあまりありませんでした。そんな中で、私が唯一お手伝いをしていたのが、「土曜日の卵焼きづくり」でした。この卵焼きづくりは、たしか小学2年生くらいのとき、父の提案によって始まったかと記憶しています。

　卵焼きは、数多くの料理のメニューの中でも基本中の基本という感じですよね。でも、卵の量に応じてよい塩梅で調味料を入れる、卵液を切るように混ぜる、火加減を調節する、ちょうどいい量をフライパンに流し込む、焼きすぎず半熟すぎないタイミングで巻く、箸で破けないように裏返すなど、意外にもいろいろと頭を使う工程が多いのです。ぼーっとしていたらダメで、常に卵と対話しながら手先を器用に使う必要があります。

　毎週土曜日がくるたびに卵焼きづくりをしていたので、小学校高学年くらいになるとプロ顔負けではないかと思うくらいうまく焼けるようになりました。外側が破れないように、中身は少しトロっとするように焼くというようなこだわりも。調味料も塩や砂糖だけではなく、牛乳やバターを加えてみたり、他のおかずに合うようにあえてプレーンな味にしたりも……。ムダな動きを省くためにあらかじめ必要な材料を使う順番に用意したり、洗い物が増えると面倒なので箸だけで挑戦することもありました。

今でも卵焼きは大得意なのですが、卵焼きづくりをすることで段取り力や観察力、手や指先の感覚が育ち、また、家族に「おいしい」と言ってもらえたことで人に何かをしてあげる喜びを味わったように思います。

周りをよく見ていました

突然ですが、皆さんは「人間観察」は好きですか？　私は大好きで、お店に入ったり、電車に乗ったりすると、ついつい人に目が向いてしまいます。何となく思うのは、「私の家族は周りをよく見ている」ということです。他の家庭と比べたことも比べようもないのですが、外を歩いていても、周りのお店や歩いている人に視線を向けて、それを話題にすることが多くありました。

「あの場所新しいお店ができたね」「ご近所の平井さんの家の花がきれいに咲いているね」「今通った対向車の人、困ったような顔してた」「さっきすれちがった人が着ていた洋服、素敵だったね」などの会話が常に飛び交っていて、周りにいる人、周りにあるものに常に目を配っていないと家族の会話の輪に入れない、という状況でした。なので、物心つく頃には、周りを見てはいろいろな情報をキャッチし、その情報を自分なりに分析し、それを家族との会話の話題に出す、ということをしていました。

これは、「子どもが何を言っても否定されない」「子どもが何を言っても楽しく聞いてくれる」という心理的安全性が担保されていたからこそできていたことですし、複数のことを同時並行するマルチタスク能力や、自分なりの意見を考える力を養ったり、常に頭を動かしたりするトレーニングになっていたように思います。

省略の多い会話で身についた「読み取る力」

ここまでお話をしてきたことからも、先ほどのエピソードからも、家族間の会話が多かったことがお伝えできているかと思います。話す人も話す量が多いので、長い話はあまり耳を傾けてくれなかったり、興味を持ってくれなかったりすることもありました。何でも話してもよいのですが、結論までたどり着くのに時間がかかるといつのまにか次の話題になってしまって最後まで話せないこともしばしばありました。

また、よく話をすることもあって、余計だと思われる情報が、自然に可能な限りそぎ落とされていました。なので、「ね？ あのドラマ？」「ね」というような会話が飛び交うことも……。私たち家族の話を周りの人が聞くと「なんのこっちゃ？」という感じになることも多かったです。

私の実家に夫と帰省した際にそれをより意識するようになったのですが、「のぞみの家って会話の主語がないよね、っていうか目的語もないときがあるよね。俺、何言ってんのか全然わからないときがあるよ。でも、のぞみの家族間では問題なく意思の疎通ができてるんだよね。すごく不思議」と夫から言われたことがありました。

たしかに、同じ状況や時間を共有しているのであれば、「かわいかったね」などと言うだけでも、「(さっきすれちがったおじいさんと一緒に歩いていた犬が) かわいかったね」と言っているんだろう、ということは推測できます。私は「犬がかわいかった」ということだけを伝えたいので、わざわざ、「さきほど道ですれちがったおじいさんが連れていた犬のことを私はかわいいと思った」と言わなくても、伝えたいこと（犬がかわいかった）は相手も理解できるものです。

「伝える」ということを目的にするとしたら主語、述語、目的語が明確なほうが適切だとは思うのですが、それらをできる限り省略して会話することが常であり、「今の視線的にこの人を見て言ったんだろうな」と瞬時に推測して話すことで思考力や読解力が身についたように思います。

ゲームが下手だったからこそ選んだ道

子どもは基本的にゲームが好きですね。私が小学生のとき、NINTENDO64やゲームボーイが流行っていました。クラスのほとんどの子がやっていたと思います。塾をやっている父は、生徒さんからの影響もあって、スーパーファミコン、セガサターン、ドリームキャスト、プレステなどを買っていたのですが、基本的に父も超飽き性なので、一瞬触ってすぐにやらなくなります。

また、私自身、例えば「大乱闘スマッシュブラザーズ」をやったとすると、自分のキャラがどこにいるのかがわからなくなってしまって気づいたときには落ちていたり、「ドンキーコング」で上からつぶしたい敵と同じタイミングでジャンプしてしまってそのままゲームオーバーになったりするなど、ゲームのセンスがまるでありませんでした。そのため、わが家にゲームはありましたし、禁止もされていなかったのですが、ドハマりすることはありませんでした。

父がゲーム好きで攻略法を教えてくれたり、私が少し得意だったりしたら、ハマっていたかもしれません。でもそうならなかった。自分は負けず嫌いであるがゆえに、「勝てないフィールドでは戦わない」主義で、ゲームは戦うフィールドにはなりませんでした。

そこでいうと、父が学習塾をやっていて、勉強で勝つための方法を父が知っていたことは、「勝つためのフィールドとして勉強を選んだ」大きな理由であったことは間違いなさそうです。

「周りのすべての固有名詞を覚えたい」癖

先ほど、「うちの家族は周りをよく見ている」ということをお話しました。そんな環境で育ったこともあって、小学校低学年くらいには「周りの人やもの、店について知りたい、覚えたい」という気持ちが芽生えました。

なかでもこだわっていたのが、「名前を覚えること」でした。よく通る道にあるお店の名前、クラスメイトの名前、学年全員の名前、先生たちの名前、近所の人の名前、お姉ちゃんたちの友だちの名前……。漢字がわかっていた方が覚えやすいので、「どんな漢字なの？」と必ず聞いていました。

名前がわからない状態が子どもながらに気持ち悪く、さらに「覚えたい！」「忘れたくない！」という気持ちが強かったので、新しい人に会ったら、会った直後と、その人と別れた直後に必ず名前を思い出して忘れないように努めていました。これによって覚えることが得意になったように思います。

祖母も父も姉も一緒に漢検挑戦

小学4年生くらいまで、家族で日本漢字能力検定（以下、漢検と呼びます）を受けていました。皆さんも受けたことがありますかね、漢検。

祖母は書道を習っていたこともあってか、漢字を覚えることが好きで、たしか準1級を受けていました。祖母につられてなのか、父と姉も受けるようになり、小学校に入学した私もそこに参戦するようなかたちになりました。ものを覚えること自体はもともと好きだったので、漢検はそれほど嫌ではなかったのですが、家族で受けることで「みんなでゲームに挑戦！」という感じで挑戦できたので、イベント的な要素満々で楽しく取り組むことができました。

小学5年生以降は、友だちのユウタと受けるようになりました。ユウタはいつもしっかり1回で合格して、私はというと、級が上がると1回目は落ちて2回目で受かる、ということが何度かあり、とっても悔しかったですね。おそらく、自分はギリギリ人間すぎるので、残念ながら惜しいところで準備が間に合わないのだと思います。仲間と一緒に競いながら受けることで中学2年生で漢検2級を取るところまではいけました。

何かに挑戦するとき、一人きりだと途中で辛くなることがあります。勉強はその代表格。家族や仲間がすぐそばにいて、ワイワイと競い合いながら勉強すると、勉強というよりも、ゲームだと思えると楽しいものとして取り組めることがある、という原体験になっていると思います。

「パパの子だからさすがのんちゃんはすごいね」がママの口ぐせ

「パパの子だから皆すごいんだよ」

このことは、物心ついた頃から私たち3姉妹に伝わっていたのではないかと思います。

父は田舎では珍しく、服装もおしゃれで髪型もビシッと決めていて常にかっこよくしていました。早稲田大卒で頭がよく、おせっかいなほどに優しくて、塾の生徒さんや先生たちに慕われていて、ＰＴＡ会長や地域の役員をやっていたので、地域でもリーダーシップを発揮していました。なので、「パパ」＝「かっこいい」「みんなのヒーロー」というイメージを常に持って3姉妹はすくすくと育ってきました。

街を歩くと父を慕っている元生徒さんが話し掛けてきてくれたり、初詣に行くと生徒さんが声を掛けてくれたり、喫茶店に行くと父の古い知人であるマスターがクリームソーダを出してくれたり、「顔が広く人気者の父の娘」という意識は私の中にもずっとあったように思います。

母は専門学校卒で、自分自身に対する自信が大きいわけではなさそうなのですが、母は父のことが大好きで尊敬していることが幼いながらに伝わってきていて、「そんなパパの娘なのだからあなたはすごいに決まっている。ママは何も心配していない」と思ってくれていることが言葉の端々から感じられていました。なので、何かに挑戦するときも、「私はできる」という前提で安心して挑戦できたのだと思います。

「あと2点はどうしたの?」と言う父

そんな母は、私にいつも「すごいね、すごいね」と言って育ててくれたのですが、父はまた少し違った声掛けをしていました。

テストで100点をとれず、98点をとったときには、「98点、すごいね」ではなく、その失点について「全部わかっていれば100点なはずでしょ？　あとの2点はどこに行っちゃったの？」といった具合でした。「できることが当たり前、できないことは異常あり」という高い基準が父にはありました。

頑張ったのにもかかわらず、98点しかとれなかった、でも98点は高得点ですよね。ですから、父に褒めてもらえなかったときは、本当に悔しい思いをしましたが、今では、その基準があったからここまで勉強ができるようになったのかな、と感謝しています。

「レタリング」にハマる

東大の理系に入ったということで、私は「パズルとか得意そう！　小さい頃からやってそう！」というイメージを持たれることがよくあります。しかし、全くそんな感じではありませんでした。むしろ、パズル（特に論理パズル）のような頭を使う問題を解くことは面倒くさい、やりたくない、やって意味あるの？　必要のないことはやりたくないなあ、とそんな風に考えている子どもでした。

たしかに、パズルを解くことは思考力を鍛えるのに役立ちますし、集中力も身につきます。また算数などの授業やテストでも有利に働くことがあります。実際、パズルのような問題が入試で出されることがあります。時間をかけて解かねばならないパズルもあるので、忍耐力もつきます。なので、パズルが好きだという子には、どんどんパズルに挑戦してもらいたいと思っています。

ただ私にはパズル問題を解く代わりに、小学校中学年から高学年のときにハマっていたものが2つありました。「イラスト」と「レタリング」です。

私がよく描いていたイラストは、美術部に入る子が描くような立派なものではなく、子どものいたずら描きの範疇に収まるようなものでした。ただ、イラストを描くことで円をきれいに描いたり、直線をまっすぐに引いたりすることが得意になったように思います。また、それだけでなく、このときの落書きの癖が後々、東大受験で大活躍します。小学生の頃から自分を元気づけるキャラクターを考えることがよくあったのですが、高校３年生から浪人生のとき、応援団長の「ノリコ」というネコのキャラクターをつくってノートの端に描いては、自分で自分を励ましていました。

そしてイラストよりもハマっていたのが「レタリング」でした。レタリングとの出会いは、６年生のとき、子ども会の会長になったことがきっかけでした。子ども会の新聞をつくることになり、最初はごくごく普通に新聞をつくっていました。次第に新聞づくりが楽しくなり、もっと皆に読んでもらうためにはどうすればよいのかという視点で記事を書いたり、レイアウトをしたりするようになりました。

そして次第に「文字を目立つようにかわいく書きたい」という気持ちが高まり、そこでものすごく好きになったのが「レタリング」でした。文字に影をつけたり、立体にしたり、リズミカルな雰囲気を出すために変わったフォントにしたりするなど、子どもながらにいろんな工夫を凝らしていました。

中学生になると数学の授業で空間図形が出てきますが、そのときにあまり苦手意識がなかったのは、この時期に平面から立体を想像して立体図形のようなものをたくさん描いていたからだったのかなと思います。子ども会の新聞づくりが、後々の算数・数学の図形に功を奏したのは自分としても意外に感じましたが、新聞づくりも、レタリングも自分でやりたいと思って始めたことで、かつ、うまく描けるとどんどんハマっていく感じも好きで、結果としてたくさん立体図形に触れることができました。

モヤモヤしたことは日記に書く

「日記をつけること」。これは、小学生のときに始めた習慣で、一番大切だったと思うことです。先にも述べた通り、私は新聞をつくったりノートに文字を書いたりすることが好きでした。なので、ペンやノートなどの文房具にも興味がありました。

住んでいた諏訪の近くの蓼科高原にテディベア美術館があり、そこに行ったときにテディベア柄のハードカバーのノートが売られていて、一目惚れしてそのノートを買ってもらいました。その日以来、イライラすることがあったり、逆にすごく嬉しいことがあったりすると、その感情をストレートに日記に書くようになりました。

とにかく、書きたいときに、好きなだけ、納得するまで自分の思いをノートに吐き出すのです。嬉しい気持ちは文字にすることで、後々になってよい思い出として残ります。逆に嫌な気持ちを文字化することで、なぜ私はそういう気持ちになったのかというように、自分自身を客観視することができるようになります。すると異様にテンションが高くなったり、ものすごく落ち込んだり、ということが少なくなり、気持ちを切り替えて次の日に臨むことができるようになりました。

また、何がやりたいのか、どうしたいのかがわからなくなったときも同じです。モヤモヤしていることを何とか書き出します。でもモヤモヤしているときって、言葉にできないことが多く、「とにかく不安じゃあ〜」という感じで、傍からみれば意味がわからないようなことを書くこともありました。でも、不安な気持ちになっているときに、モヤモヤをひたすら書き出していくと、何が不安になっているのか、自分は本当は何がしたいと思っているのかがわかるようになってきます。不思議です。

日記をつけるということは、社会人になってからも、そして母になってからも続けています。大人になったとき、意外にも経営者やエリートビジネスパーソンに日記をつけている人が多いのかもしれないと気づいたことがありました。タスクや目標、振り返りを書いて自身を見つめ直す時間が大事というわけです。「ジャーナリング」「書く瞑想」などと言われていることですね。これを小学生から自らの思いつきでやっていたのは自分でも感心するなぁと思います。

幼なじみにとにかく負けたくない

私の地元では、ほぼ100%の人が地元の公立小学校、中学校、高校に進みます。なので、付き合う友人がさほど変わらず、おのずと付き合いが長くなります。もちろん、親同士も付き合いが長くなります。

私の母は、私が幼稚園に通っていた頃から、いわゆる「ママ友付き合い」というものがそんなに好きでも得意でもなく、興味もないドライな人だったので、ママ友とは敵対しているわけでもないけれど仲良くもない、付かず離れずの関係が多いようでした。しかし、なぜかわかりませんが、ここで私の「負けず嫌い魂」が刺激され、「幼なじみの家には負けない！　わが家のほうがすごいことを私が証明する！」と勝手に闘志を燃やしていました。今思うとだいぶ価値観が偏った厄介な子どもでした。自分の子どもの友だちがこんな考えだったら、ちょっといやですよね。

幼稚園時代からそんなことを考えていた子どもが小学生になって、勉強やスポーツという世界があり、その世界では勝ち負けがあるのだと知ることになります。そこで自分は何で勝てるかな、どうしたら幼なじみの上をいけるようになるかなと自然と考えていました（本当に子どもらしさがない子ですよね。笑）。そこから、見た目のかわいさで勝つとか、オシャレさで勝つとか、スタイルの良さで勝つとか、テストの点数で勝つとか、スポーツで勝つとか、友だちの数で勝つとか、かわいがってくれる上級生の数で勝つとか、あらゆる観点において、私は幼なじみと比較していました。

しかし、かわいさ、スタイルの良さでは勝てない。運動神経もそこまで良くない。幼いながらにそう感じながら、徐々に「私はテストの点数、勉強、頭の良さでなら勝てるかもしれない。絶対に負けるわけにはいかない」、そんな気持ちが育っていったように思います。

この強烈な「負けず嫌い」は約10年後に迎えることになる東大受験のベースになったのかなと思っています。「自分が決めたフィールドでは最終的に絶対に勝たなければならない」。そう思って、「勉強」というフィールドで勝つ＝東大合格まで突き進んでいきましたから。

理不尽なことには絶対に屈しない

私は強烈な負けず嫌いに加え、頑固な子どもだったと思います。相手が大人であっても、納得できなければ自分の信念は曲げないですし、とことん闘う。そんな子どもでした。

諏訪市に市民が利用できる「蓼科保養学園」という施設がありました（今は閉園されているようです）。小学生時代、市内の小学校から、希望した小学5年生約40名が集まり、約3ヵ月間親元を離れて生活をするプログラムがありました。このようなプログラムは国内でも珍しいのではないかと思います。

標高約１０００メートルという場所にある施設はまさに自然の中の学校、でした。そこで日中は教室で授業を受け、放課後はマラソンをしたり竹馬をやったり室内で遊んだりして過ごします。同じメンバーが、朝から晩まで毎日一緒に過ごすので、その分ケンカも起こります。

ある日、部屋でカードゲームをしていました。すると「ゲーム（をする輪に）入っていい？」と聞いてきた子がいました。私はごく普通に「(誰に権限があるわけでもないし、誰が参加しても自由だし）入れば？」と返事をしました。しばらくして、その数秒のやり取りのいきさつを子どもづてに聞いたお世話係の職員さんが、「のぞみちゃん、冷たい言い方をしたんだって？　そんな風に仲間外れにしちゃだめでしょ！」と言ってきたのです。私は「え？」という感じで、何で職員さんから注意されたのかが理解できませんでした。

当時、私の性格は今よりももっと荒削りでした。ただ、何もその子を仲間外れにしようとして「入れば？」と言ったわけではありませんでした。なので、お世話係の職員さんが私の言い分を聞かずに一方的に仲間外れにしたと決めつけるという理不尽さに次第に腹が立ってきたのでした。

「自分は仲間外れにしようと思ったわけではなくて、別にこの遊びに誰を入れていいとか、入れてはいけないとかを決めることができる人なんていなくて、やりたいならやったらいいじゃん。どうして自分が冷たいと非難されなければいけないんだ」

私はもちろん納得することができず、その職員さんに真っ向から抗いました。その抵抗がどう着地したのかはあまり覚えていませんが、このように相手が大人であろうと、自分が納得するまで突っかかるということがよくありました。

このスタンスでいられたのは、父も母も、一方的に子どもを注意したり、自分の考えを押し付けたりすることはせず、対話で解決してくれていたからだと思います。相手が大人であろうが誰であろうが、論理的に、互いの思ったことを話せばわかり合えるということが私は当たり前だと思っていました。だからこそ、逆に、自分のことを理解してくれようともしない人に対して「なんでだろう？　おかしいな」と感じていたのだと思います。

自分が正しいと信じていることがあれば、それを相手にきちんと伝える。そしてそれは誰が相手であろうと、自分の意見を伝える。その上で互いが納得する答えを出す。もちろん、もし自分が間違っていたら、自分の考えを改める。こうしたスタンスを持っていたので、幼いうちから自信をもって自分の意見を貫き通すことができたのだろうと思います。

「絶対に間に合ってみせる！」

何度も繰り返してお話ししているように、私はできるだけやらなくていいことはやりたくないという〝省エネ人間〟。あまり手数をかけず、できるだけギリギリのところでゴールしたい人間です。なので、基本的に超遅刻魔です。家を出る30分前でも自分の好きなことをしたいタイプで、出発5分前、もう準備をしないとさすがに遅れてしまうという時間にならないと動かない性質です。

基本的には、自分で決めた目標に対しては「何が何でも達成したい！」という高いモチベーションはあります。なので、もうそろそろやらないとヤバいよというタイミング、ゴールにたどり着く前は自分でも驚くほどすさまじい集中力、俊敏さ、要領の良さを発揮します。

ただ、「余裕をもってゴールする」という習性は持ち合わせていないため、どうしても想定外のことが起きたり、いや、起きていなくても、ゴールにはちょっと間に合わなかったり、ということが多発します。ですので学生時代は登校時間ギリギリに間に合えばいい、という感じで、これ以上家にいたら本気でヤバいという時間に出発し、通ってはいけないとされる近道を肺が破裂しそうになるほど全力で走っても、最終的には少し遅刻する、ということを繰り返していました。

基本的にすべてのことに対してこういうスタンスをとっているので、何回でも受けられる試験（漢字検定、文章検定、東大受験、簿記など）は1度目は落ちて2度目で受かる、という結果になってしまいます（書いていて残念です。笑）。

自分や同じような習性をもつ人を弁護することになると思うのですが、それができるからスリルのあるギリギリの目標、ゴールを狙えるのかな、なんていう気もしています。「今からなんて無理だよな」と思ってしまったら現状とかけ離れたゴールは目指せなくて、「今からでも行ける！　行ってみよう！　失敗したらそのときはそのときだ！」と思えるからこそ他の人が目指せないものを目指せますし、そのときに、自分でも驚くほどの力が発揮されてくるのです。火事場の馬鹿力だと思います。

「ペンのムダ、紙のムダ、時間のムダ」を無くす！

「のんちゃん、宿題は何のためにするの？　この宿題は漢字を覚えるためにやっているんだよね？　漢字を書くことが宿題ではないよね。だったら、先生にやれと言われたからって10回も書かなくていいんだよ。隠して書いて、隠して書いて、ということをすれば3回書くだけで終わるでしょ？　それが工夫っていうもんだし進歩でしょ？　意味のないことは意味がないんだよ。ペンのムダ、紙のムダ、時間のムダでしょ？　どうしたらムダがないか自分で考えてやってごらん」

これは、小学生時代から時おり父から投げかけられていた言葉です。こんなことを小学校低学年の頃から言われていたので、何事においても「どうしたらムダがないかな？　今求められていることは何で、どうしたら最短でそれをやり遂げられるかな？」と考える習慣がついたようにも思います。

この考え方があったから、小学校でも中学でも高校でも、人の意見を参考にしながらも左右されることなく、自分がいいと判断した方法を試してみて、改善すべきところがあれば改善してまたやってみる、ということが積み重ねられましたし、それが東大の受験勉強に大いに生きていると思います。

「中途半端なことは恥ずかしいことだ」と思い知る

私が小学生のときにやっていた習いごとは新体操、ピアノ、習字です。ピアノは、親戚がやっていた教室に小1くらいから始めて、小5でやめました。工夫していたことを否定されてつまらなくなったからです。自分で「楽譜を読みやすくしよう！」と思って楽譜に「ド、シ、レ」などと音階をカタカナで書いたことを「楽譜はそんな風にするものじゃない！」と注意され、それ以来やる気がなくなってやめました。

また、両手をバラバラに動かす、という器用なことが得意なタイプでもなく、そこまで好きでもありませんでした（今思うと楽器ができるっていいなぁと思いますが）。

習字もそこまで好きではありませんでしたが、おばあちゃんも習っていて、姉2人も通っていたので「まぁ行くか」といった感じでやっていました。新体操は真ん中の姉の友だちの紹介で始めて、他校や他学年にも友だちがたくさんできたのが楽しくて、小学校高学年の頃は自主練も一生懸命やっていました。

ある日、スポーツ少年団の集まりがあり、新体操の演技を披露する機会がありました。普段は同じ学校の子に見られる機会はないのですが、同じクラスで人気者の男子もスポーツ少年団に所属しているサッカークラブのメンバーだったため、演技を見せることになってしまいました。私はそこまで新体操を高いレベルでできるわけではなく、体型もコロコロまるまるしていて、「そんなに上手くないぽっちゃりさんが動いてるなぁ」と見られて終わるのだろうと思い、すごく恥ずかしかった記憶があります。

そこから、「大してレベルの高くないものは見せる価値もなく、それをやることは恥ずかしいことだ」という意識が生まれました。今なら、こんな風に思う必要はなくって、やりたいことは人の目など気にせずやってみたらよいのにと思うのですが、小学生の私には、自分が「すごい」と言われない状態を人に見られることが恥ずかしく、「やるからには高いレベルで上達しよう！」と考える大きなきっかけになりました。

口癖は「いいこと思いついた！」

小学生のころからいろんなことを提案する子どもでした。「いいこと思いついた！」が口癖で、あれこれとアイディアをよく話していました。子ども会の運営で何かを話し合っているときに、子ども会の会長でもあった私は、よく「いいこと思いついた！」ということで自由に意見しながら活動していました。

ある日、子ども会のイベントで子ども会担当のＰＴＡの大人の方とお話ししていたときに、いつものように「いいこと思いついた！」と私なりの案を話していたら、「君はよくいろいろと思いつくね〜！　おじさんびっくりだよ！」と反応されたことがありました。自分の中では、よいと思ったことは提案するということがごく普通で当たり前だったのですが、大人に驚かれたことで、「あぁ、私って活発に意見を出す方なのかな？」と思ったこともありました。

父と母には「子どもだからできないだろう、やらなくていい」という考えがあまりなく、むしろ、「やりたいことをやりたいようにやればいい。やってみたいことがあったら、それがどうやったら実現できるのかを考え続けて実行し続ければ実現できる」という考えが根底にありました。なので、「できなかったらどうしよう」「反対されたらどうしよう」と臆することなく、やりたいと思ったことを自由にやったり、提案してみたり、発言できたりしたのかな、と思います。

＊＊＊

小学校時代を振り返ってみると、東大に行くための人間形成、環境形成はだいぶ完了しているように思います。持ち前の負けたくない精神、負けたくない幼なじみの存在、塾をやっている父の存在、やろうと思ったことを素直にとことんやってみてよい環境、これらによって、「勉強を含めて総合的に幼なじみに絶対に負けたくない。何が何でも負けない」という気持ちが完全にセットされていたように思います。次章では勉強というものがどんどん本格的になっていく中学生時代のことをお話ししていきますね（読むのに疲れたら、休憩してくださいね～）。

第4章

東大卒の私が中学生時代にやっていたこと

地元の進学校、諏訪清陵高校に合格を果たした私

英語はまず「骨格」を理解する

本章では中学生時代に学校や家などでやってきた勉強法などを紹介します。中学は定期テストや高校受験など、小学校時代にはなかった話題が出てきますので、より具体的な事例を紹介できるかと思います。

小学生の頃は前述した通り、小学校の学習内容よりも先に進んで学習をしている人はほとんどいませんでした。私も例にもれず、小学校を卒業するまで先取り学習をすることはありませんでした。

また、今では小学校に入る前から英語学習に取り組んでいるご家庭が多いですし、小学校でも英語の授業がありますが、当時の私の地元ではそんなことはめったになく、小学校卒業の時点でローマ字が書けるかどうかくらいの状態でした。父は塾を経営していると同時に英語の先生でしたが、父に勉強を教わることも全くありませんでした。

ただ、一度だけ父がまとめて勉強の時間をとってくれたことがあります。

中学校の入学式を控えた春休み。勉強について口出しをしてくることのない父が私に話しかけてきました。

「のんちゃん、中学生になっていよいよ英語が始まるね。英語は初めは見慣れないものだと思うけど、英語はパズルなんだよ。その仕組みがわかっちゃえば簡単。だから一回、そのパズルの仕組みを教えるね。のんちゃんならすぐに理解できるよ」

内容は、主語と述語の並び順が日本語と英語では異なることや、be動詞、一般動詞それぞれの文の種類（肯定文、疑問文、否定文、命令文）についての話だったかと思います。最初は「そもそもなんでこう書いてこんな風に読むんだ！」という英単語の発音に疑問を持つところから始まり、「私は」だとIで、「私を」だとmeになることもわけがわからない、という感じでした。ただ、姉たちがやっていた憧れの「英語」を、中学生になってやっと自分も始められることにワクワクを感じていたことは今でも覚えています。父の講義（？）を聞いたおかげで、全体の骨格、これから学ぶことを収納する引き出しがつくられ、学校の授業もスムーズに理解できました。

まず全体を見て、どんな構造になっているものを学んでいくのか、それは何のためにあるのか、ということを把握すると、一つひとつの具体的な内容を学ぶときに、ピースが集まっている感覚、引き出しの中に一つひとつモノを詰めていく感覚で進んでいくことができ、「終わりのないものに対してがむしゃらにやっていく」というのではなく「終わりのあるものに対して着実に進んでいる」と思えるのでやる気が保ちやすくなるかと思います。

この考え方は勉強に限らず、何事にもあてはまることかと思います。私の塾の生徒さんたちをみていても「まずは全体像を捉え、そこから細部を詰めていく」というこの考え方ができない子どもも多くいるので、小さい頃から会話の中で意識されるとよいのかな、と思います。

A3用紙5枚にテスト範囲をまとめる

中学校になると、教科全体のレベルが上がります。なかでも、社会と理科は覚えなければならないことが多くなります。また、社会といっても、歴史や政治経済、地理というように、そして理科は、生物、地学、化学、物理というように、高校の授業の前段階となる知識が多い、より専門的な内容になっていきます。

社会と理科は非常に得意な科目でした。暗記すればまだなんとかなっていたので、苦ではなかったです。あまり大きな声では言えませんが、社会の授業では居眠りの常習犯だったにもかかわらず、テストでは90点を下回ることはありませんでした。満点をとって先生から驚かれたこともありました。理科は知識が必要な分野では全く問題なく、計算が絡んでくる分野になると少し不安はあったのですが、高校入試レベルの問題を解くには足をひっぱらない程度でした。理科のテストも90点を下回ったことはありませんでした。

……というと、「じゃあ、参考にならないじゃん！」とツッコミが入りそうですが、ちょっと待ってください！　肝心のテスト対策についてお話ししていきましょう。

まずやったことは、テスト範囲を俯瞰的にみる、ということでした。テスト範囲が発表されても、すぐに勉強に取りかかることはせず、範囲全体を眺めます。「おいおい、早く勉強したほうが……」とのツッコミがここでも入りそうですが、いきなり問題を解き始めるということはしませんでした。

そして次にやったことは、A3用紙を数枚用意すること。「は?」というツッコミがまたも入りそうですが、はい、A3用紙が必要でした。このA3用紙を何に使うのかというと、ひと言で表現すると、ひと目でテスト範囲がわかる壁新聞のようなものをつくる、ということでしょうか。

なぜA3なのかと思われる方がおられると思いますが、特にこだわりはなく、父が塾からもってきたA3用紙が家にたくさんあったからということがその理由です。ただ、結果的にみれば、A3用紙でよかったと思っています。

A3用紙を準備したら、そこに何をどうまとめていくか「レイアウト」を考えます。新聞社の整理記者さんのような感じでしょうか?(違いますかね?)

例えば社会だと、

「今回は江戸時代がテスト範囲だから、年表チェックにまずはまとめて、そこに吹き出しで個々の詳細を書こうかな」

「今回は政治のしくみ、文化、宗教それぞれについてまとめていけばいいかな」

そして理科だと、

「今回は化学変化のところで、まずは原子の構造を理解して、そのあとに化学式を覚えて、反応の種類別に化学反応式を覚えれば良さそうだからそれを順にまとめていこう。教科書に反応式は13個載っているからそれをグループに分けて覚えよう！」

といったような感じです。

ここで重要なのが、「自分の頭の中にどういう引き出しを作ったら一番取り出しやすいか」ということを考えて順番、レイアウトを考えるということです。

教科書はあくまで教科書で、自分のために作られているわけではないので、その順番がもっとも適しているとは限りません。「自分がどう思うか？」「自分にとって何が最適だと思うのか？」と考え、自分中心に自分が楽しくなるように、自分が理解できるようにレイアウトを考えていきます。

とにかく、楽しみながらＡ３用紙にまとめていくことが大切です。自分だけがわかればいいので、イラストをたくさん入れたり、いろんな色を用いたり、自由に描いてみることです。それができた時点である程度の知識は頭に入っています。

Ａ３用紙のまとめが完成したらドリルなどで演習して、新たに知識のモレが見つかった際にはそのＡ３用紙に足りないことを追記していきます。そうすると自分専用の最強の参考書が完成していくことになるので、やればやるほど「私ってさすがじゃん！　すごい！」と思いながら勉強が進んでいきます。

ただ、これは誰にでもできる勉強法ではないと思います。私は小学生の頃から自分自身が納得、理解できるように、情報をまとめたり、イラストを描いたり、ということをやっていたので、テスト前にささっとこのようなまとめを作れていたのだと思います。レタリングで培った技術（？）も役立ちました。慣れていない人がいきなりこれをやろうとすると、「何をどうまとめればいいの？」と困ってしまうと思いますし、ディテールにどれほどこだわったら良いのかわからず、まとめを作る手前で時間がかかりすぎてしまうと思います。

理想を言えば、短時間で情報をまとめたり、整理ができるように、小さい頃から日記を書いたり、お絵かきをしたり、新聞を作ったりするのがいいのかもしれません。しかし、すでに中学生以上のお子さんは、絵を描いたりすることが苦手だったり、新聞などを作る時間的余裕もないことが大半だと思いますので、覚えたい内容がすでにまとまっている参考書に追記していくのもいいかと思います。

この勉強法で大事なのは、「自分なりに全体像を把握して図解化する」ということと「わかりやすくまとまっているものを見ることで視覚的に一発で理解する」ということの2点です。

このA3用紙を使ってのテスト勉強は、大量の知識をつながりを捉えながら暗記するために大変役に立ち、その後、高校でも継続し、大学受験でも大いに活用しました。また、社会人になってからの資格試験でも最強の勉強法になりました。

直前の土日にやるべきことをリストアップ

ここまで何度もお話をしているように、私は切羽詰まってギリギリになってから行動するギリギリタイプの人間です。なので、定期テストの勉強も「さすがに今やらないとヤバい」とお尻に火がついた状態、おおよそ2週間前になってからギリギリで始めていました。周りの友だちの多くは、3、4週間前からテスト勉強をしていました。

そのような経験があるので、運営している塾の生徒さんたちには、「3週間前にはテスト勉強を始めていないと間に合わないよ！」と伝えています。何度も口酸っぱくして伝えていますので、3週間を切ったらとんでもない結果になるおそれがあるということを感じてもらっていると思います。しかし、言っている本人は、3週間前が過ぎてようやく始めていたかな、と思います（偉そうなことは言えませんね！）。

ただ、一度勉強を始めたら、それまでの私はどこにいったの？と思われるほどに、わき目もふらずに机に向かっていました。集中して一気に進めていきます。「ヤバい！」と感じたときにまず、何をやったか？それは、試験に勝つための戦略立て、でした。

戦略を立てるのにあたり、最初にやっていたのは、「やるべきことリスト」の作成です。ここでも、先ほどお話ししたように、いきなり何かを始めるということはしません。学校から配られたテスト範囲全体をじっくりと見つめます。今回のテストはどこからどこまでが出題されるのかを冷静な気持ちで見渡します。戦略を立てる指揮官のような感じですね。

全体を把握することができたら、次は科目ごとにやることを考えます。科目ごとにやることが決まったら、それらをさらにリスト化していきます。「学校のテキストを3回解く」「不正解がゼロになるまで徹底的にドリルを解く」「教科書に出てきた新しい漢字をすぐに書けるようにする」「理科の電気回路の図をまるごと覚える」「教科書に載っている英文を何も見ずに言えるまで覚える」などというようにです。

そしてリストの横に優先順位を書いて進めます。さらに、それらやるべきことをいつ取り組むのかを書いていきます。私はテスト勉強を始めるのがテスト2週間前でしたが、テストまでに2週間しかなくても、どうしても初めの1週間は余裕があると思ってしまい、ゆっくりやってしまったり、長い時間勉強できなかったりする傾向がありました。なので、直前で切羽詰まってしまわないように、「ここからテストまでの2週間、今からどのペースでいかないと後々困るのか」ということを意識できるように、1日ごとのやるべきことも決めた状態でテスト勉強をスタートします。

私の場合は、学校の授業に集中するという習慣が身についていたので、学校の授業内容は理解できていました。ですので、学校の授業の内容をより頭に定着させる、ということがやるべきことのメインでした。

実際に勉強を進めていくと、どうしても思った通りの予定では進まないものです。テストまでに残された時間も少なくなってきて、残念ながらやるべきことリストのすべてをやり切ることが難しくなってしまうこともあります。

負けず嫌いの私はそんな状態になると「どうしてもっと最初から気合いを入れてやらなかったんだ！」「どうしてもっと早くテスト勉強を始めなかったんだ！」ととても悔しく、同時に不甲斐なさを感じることが多々ありました。しかし、へこむ時間ももったいない、というかそんな場合ではないほど時間がありませんし、そんな状態でもテストで高得点をとりたい気持ちは変わらないので、都度「どうしたら満点がとれるか」ということを考え、優先順位を変えてやるべきことの取捨選択をして、「常にそのときの最善の策を講じてできうる限りやっていく」ということをテスト直前まで繰り返します。

天保の改革＝「いーわよい天ぷら」？

テストのために覚えなくてはならないことは、本当にたくさんあります。友だちやお店の名前を覚えることは意識をしなくても自然とやってしまうのですが、テストとなると自然には覚えられないので工夫が必要です。

私の場合は先ほどからお話ししているように、Ａ３用紙にテスト範囲を新聞のようにまとめる段階で、いろんな情報が積み重なっていって頭の中に情報が刷り込まれていく感じがあります。しかし、それだけではどうしても覚えられないこともあります。

歴史の年号がその覚えられない代表格でした。問題の背景にあるストーリーを理解しながらだと覚えられたり、また、視覚的な情報はスムーズに記憶できたりするのですが（Ａ３用紙にまとめやすかった）、具体的な数値、ただの単語の羅列のようなものは、そのままでは頭に入りにくいと感じていました。そこで数字をひらがな読みしてゴロにして覚えることにしていました。

例えば、

「1716年　享保の改革」は「いないろにそまるキョッペ」

「1787年　寛政の改革」は「いなはなの完成」

「1841年　天保の改革」は「いーわよい天ぷら」

といった具合です。

皆さんにはこれを見ても「ちょっと何言ってるかわからない……（汗）」という感じだと思うので少し解説をしますね。

まずは、享保の改革の「いないろにそまるキョッペ」ですが、ここで覚えたい年号は1716です。この数字と紐づけたい情報が「享保の改革」です。1716をそのままひらがな読みするとどうでしょうか？

「いないろ《1716》」。

では、「そまるキョッペって何？」って感じですよね。これから説明しますね。

同じ長野県内に「伊那《いな》市」というところがあります。諏訪市に住んでいた私にとって、伊那市は親しみのある地名でした。また、「キョッペ」というあだ名で呼ばれているきょうへいくんという友だちがいました。「伊那市」と「キョッペ」。この2つをくっつけて、「伊那っぽい色に染まったきょうへいくん」。これだと長いので、「いないろにそまるキョッペ」というゴロが完成します。これさえ覚えていれば、「1716（いないろ）」と「きょ」で「1716年　享保の改革」を思い出すことができます。

同じような要領で、寛政の改革の年号のゴロを作っていきます。「いなはなの完成」も、「伊那で大きいお花が完成しました！」という場面（どういう場面だよ、という感じですが……汗）をイメージして「伊那花の完成→いなはなの完成（＝寛政）」ということになります。また、天保の改革の「いーわよい天ぷら」は、お金持ちの女の人が天ぷら屋さんに行って「いーわ！　よい！　天ぷら」と言っているイメージでゴロをつくりました。

できる限り皆さんにも理解、共感していただけるように説明しましたが、「う〜

ん。ちょっとまだ何言っているかわからないな」という感じだと思います。はい、いいんです。ゴロはテストのときにぱっと頭の中に出てくればよいので、自分だけがわかる覚え方で十分なのです。人のためにゴロをつくっているわけではないので……。

今回紹介したこれらの3つの改革は、それぞれ年代が近く、年号や改革の名前を問うものが多かったため、当時の自分はゴロをつくることで混ざらないようにしたのだと思います。

同じことを、私は大人になってから受けた宅建試験のときにもやりまくりました。特に宅建試験では基準となる数値を大量に覚える必要があったので「ゴロづくり戦法」はだいぶ功を奏しました。

英語は教科書を丸暗記せよ

さて次は英語の定期テスト対策を紹介しましょう。私の場合はまず教科書を丸暗記していました。この丸暗記というのは、テスト範囲になっている教科書の英文を見たらすぐに日本語に直せるように、また日本語を見たら英文を書けるようにする、ということです。教科書を見なくても、教科書に載っている文章をすべて書いたり、話したりすることができるというレベルです。

学校の定期テストは、当たり前ですが学校で習ったことをしっかり習得していけば点数がとれるような内容になっています。「学校で習うこと」は基本的に教科書の内容です。

なので、教科書の内容を完璧に頭に入れることはテストで満点をとるために必須になります。

教科書を丸暗記する、という勉強法は一見、なんにも工夫がなくて、効果がないようにみえます。また「教科書のような基本的なことだけで大丈夫なの？」と思う方もおられるでしょう。でも、教科書を甘くみてはいけません。教科書を丸暗記することができるということは単語、連語、文法が習得できていることになるからです。一つひとつの英単語の意味を正しく理解していないと、正しい日本語に直すことはできませんし、日本語を英語にする際には、単語のスペルを正確に覚えていないと正確な英文は書けません。

また、文法についても同様で、文法を基礎から理解できていないと、日本語から英語にする際に、例えば三単現のsをつけ忘れてしまったり、比較級の the を入れ忘れてしまったり、ということが起こります。つまり文法的に誤答してしまうことになります。これは大変もったいないミスです。また連語（熟語）を覚えていないと、正確に英文に変換することができません。

丸暗記するためにはどんな方法でもよいと思います。載っている文章をひたすらノートに書き写すことは誰でも思いつく暗記法ですね。暗記用のマーカーとシートを使うのでもいいです（私は使ったことがありませんでしたが）。また、音読をしながら暗記するというのもいいですね。アクセントや読み方もわかってより記憶に残りやすくなりますし、リスニング対策にもなります。

教科書を丸暗記することは基本中の基本なのです。だからこそ敬遠されてしまうことも多いと感じています。先ほどもお話ししましたが、教科書の内容を理解できていないと、テスト勉強の先にある受験勉強にも影響します。基礎的なことができていないと受験問題のような応用問題を解くのが難しくなってきます。教科書丸暗記は一石三鳥の勉強法です。新しい参考書などを用意する前にぜひ試してみてください。

数学は解けない問題を潰す

「私、中学の数学でつまずいてしまったから理系にいけなかったの」

という声をよく耳にします。たしかに、中学の数学は算数と違って複雑になっていきます。中学1年の最初で習う単元（正の数、負の数、方程式など）のつまずきを放置しておくと、苦手科目になり、問題が解けないという事態になる科目ですね。

数学もわりと得意な科目でした。数学の定期テスト対策では、本当に月並みですが、まずは学校のワーク（ドリルのことです）を完璧に解けるようにします。おそらく、皆さんの学校でも教科書の他に、ワークが用意されていると思います。

「学校のワークを完璧に解けるようにする」とは、「学校のワーク内のどの問題をいきなり出されてもすぐに解法を思いついて5分以内に解けるようにする」ということです。抜き打ちで問題を出されても、「あれ？　これこうやるんだっけ？　違うか、こうするんだっけ？」と迷ってしまったらアウトです。

テストは制限時間のある〝競技〟ですから、時間内に、なるべく多くの問題を正確に解く必要があります。なので、テスト中に迷っている時間はないのです。勉強に近道も裏道もありません。チートもありません。まずは、基礎的な問題の解法を覚えて、正確に解けるようにすることに尽きます。

数学も他の教科と同様、教科書のレベルを逸脱した問題は出ません。なので、教科書に沿ってつくられているワークに向き合う時間を増やすことです。ワーク程度のレベルの問題は、一番難易度が高い問題でも、そこまで難しくはありません。誰も解けないという超難問というものはありません。「ワークを1周したらよい」「3周したらよい」という回数で基準を設けることなく、「どの問題も見た瞬間に解法を思いついて5分以内に解けるようにする」という基準をクリアできるように演習を積むことがよいと思います。そして、それが完璧にできるようになったら次のフェーズに進みます。学校のワーク以外のもう少し難しい問題（類題）にトライしてみる、ということをやる段階に入ります。

正直、学校のワークを完璧にするだけで時間切れになってしまう人がほとんどです。類題演習までたどり着くべくしてたどり着いている人は少ないように思います。

でも、学校のワークを完璧に解けるところまで頑張れたのであれば、ぜひ類題演習までたどり着き、満点を狙ってみましょう！

国語は授業中にメモしてそれを見返す

国語は好きでも嫌いでもない科目でした。でも教科書には普段自分では読むことのない小説や詩などが載っていて、たまに面白いなと思っていました。漢字は漢検を受けるときに勉強していたので、それほど苦ではありませんでした。

国語の定期テスト対策も、本当に月並みです。当たり前の基礎的なことしかしていません。

まずは学校の授業をしっかりと聞き、先生が板書した内容をノートに書き留めることはマストでした。国語は他の教科と違って、答えが一つではありません。なので、先生が話すことにもいろいろなヒントがあると思っていました。そこで知らなかったこと、面白いこと、覚えておきたいことがあればノートに必ずメモするように心がけていました。

そして、教科書の文を読み、読めない言葉、意味がわからない言葉は辞書などで調べて覚えます。授業後などに先生に直接聞くこともありました。また、範囲内で新しく出てきた漢字は必ず正しく書くことができるようにしていました。

授業の内容や教科書の内容を完全にマスターした後に学校のワークを解きます。学校のワークは、数学でも述べたように、完璧に解けるようになるまで解きます。

国語で陥りやすいのが、解いて丸付けをして解答を見て納得すると、何となく解ける気になってそこで勉強を終えてしまうことです。

解答を見て納得することと、実際に改めて解いてみることとは全く違います。選択肢問題も、なぜその選択肢が消えるのか、必ず本文から根拠を見つけ出して消すようにします。特に記述は、解答を見たあとに、「本当に自分はこの問題を見たらすぐに、適切な日本語で書けるのか?!」ということを疑い、たしかめてみて、問題を見て2分以内に解けるようになるまで繰り返し解いてみてください。

部活で継続の大事さを知る

本書の冒頭でもお話ししましたが、中学に入ると女子の部長に憧れて剣道部に入部し、剣道を一生懸命やるようになります。剣道はまず、竹刀を正しく振れるようになるところから始まりますが、すぐにできるようなものではありません。竹刀を正しく持ち、正しく足を動かし、正しく振りかぶり、正しく振り下ろす、ということは見る以上に難しく、頭で描いていても実際に体を動かすとなると思い通りにはできないのです。なので、頭で描いたことをスムーズに実行できるようになるまで、何度も繰り返し練習して感覚をつかんでいきます。

「早く感覚をつかみたい」「つかんだ感覚を忘れないうちに体にしみ込ませたい」そう思った私がとった行動は、「毎日素振りをすること」です。何事もやはり触れる回数が増えると、学んだことを忘れないうちに次のことが習得できるので、どんどんと上達していきます。

中学入学時には未経験だった剣道が、みるみるできるようになっていくことが楽しくて、毎日練習しました。そして基礎的な動きが身に付き、よい状態で試合に臨むことができるようになりました。

そこで今度は新たな課題が出てきます。それは「相手に勝つために相手よりも速く竹刀を振れるようになること」です。そのために必要だと当時の私が判断したことは「筋肉をつけること」だったので、毎日腕立て伏せを始めました。やはり毎日やると効果が出るのも速く、1〜2ヵ月ほどすると実際に竹刀を今までよりも速く振れていることが自分でもわかるのです。そうすると、試合でも勝てるようになってきて、毎日続けることが楽しくなっていきます。

これは、誰に言われたわけでもなく、ひとえに「剣道で楽しさを感じたい」「試合に勝ちたい」「より美しく振りたい」と思ったからです。成果についても、自分の中で小さな変化があるにすぎず誰が見ても聞いてもわかるほどの大きなものではありませんでした。ただ、自分の中で「やろう」と考え、実行に移し、「できた」。この小さな変化を自分で認め、成功体験にできたことで、「自分はやりたいことに向かってやれる人なんだ」という自分に対するイメージができるきっかけになったように思います。

「天才は有限、努力は無限」

この言葉は、中学2年生のときに近隣の高校で練習試合をした際に訪れた剣道の道場の壁に貼ってあった言葉です。

私は常々、「変な人でもいいから天才になってみたい。普通ではない、すごい人になってみたい」そう思っている人間でした。裏を返すと「私は努力のできる凡人である。天才ではなく秀才であって、どんなに頑張っても天才に勝つことはできない。悔しい」という意識がとても強くありました。

そう思っていたときに、この言葉が目の前に現れたのです。私にとっては救世主のような言葉でした。

「たしかに、天から与えられた才能があってもそれを放置したままでは何事も上達しない。そして、努力を重ねればどこまでも上達する。ということは、凡人であっても努力をすれば天才にも勝てるんだ！　勝つぞ！　頑張るぞ！　えいえいおー！」そう思ったのです。この言葉を目にしただけでここまで思えるってなんてハッピー野郎なんでしょうね。自分の感受性の強さにあっぱれです。

　これ以降自分の座右の銘はこの言葉になり、「同じ人間がやっていることとならできないことはない！　なんだってできる。挑戦しよう！」という考えがベースになりました。

漢検2級を友だちよりも早く受かりたい

　漢検については前の章でも触れましたが、中学に入っても受検を継続していました。ただ、家族とではなく友だちと受けるようになりました。

　漢検はいつも友だちのユウタと競っていました。「次何級受ける？」「俺は○級」「じゃあ私もその級受けるわ」という感じで漢検の申し込み時期が近づくたびにユウタがどの級を目指しているのかを聞いていました。ただ、ユウタと私が互いに意識し合って、競っていたというよりも、私が勝手にユウタをライバル視して、勝とうとしていただけだったようです（私、どんだけ負けず嫌いだったんだ！）。

ユウタは小学校のときも同じクラス、そして中学になるとクラスは違うものの、同じ剣道部に入っていました。部活でも勉強でも私はユウタを勝手に「敵」にしていて、勉強でも部活でも彼に絶対に勝ちたいという気持ちがありました。「ユウタだけ受かって私だけ落ちる」そんな事態は絶対に避けたかったのです。

なのでものすごく必死になって勉強をするのですが、あまりにも直前になってから勉強することが多かった私は、最後には時間が足りなくなってしまうことがあり、結局、「ユウタだけ受かって私だけ落ちる」という結果になることもありました。

「不合格」の通知を見たその当時は「辛酸を嘗めるとは、まさにこのことだ」というくらいに悔しさがこみ上げ、二度と受検したくないと思ったこともありました。

でも、今思うとユウタがいなかったら私は漢検を受けることすらしていないでしょうし、真剣に漢字を勉強する時間も十分に確保できなかったと思います。友だちにそこまで左右されている自分にびっくりしますが、そのおかげで漢字をたくさん習得できましたし、学校や塾のテストでも活かされることも多かったので、今となってはユウタに、そして漢検に感謝しています。

450点以上は「当たり前」

定期テストは毎回500点満点中450点以上をキープし、学年ではだいたい、3位以内には入っていました。常に3位以内をキープできていたのは、「テストとは満点を目指すものだ」という考えがあったからだと思っています。これは私の勉強におけるスタンダード（基準）です。

アメリカの起業家であるジム・ローンという人の言葉に「人間は周りの5人の平均をとったような人になる」というものがあります。自分がおかれている環境次第で自分が変わるという意味です。このジムさんの言葉は大人になってから知りましたが、中学のときから知らず知らずのうちに身にしみ込んでいたのかなと思うことが多々あります。

父は「もし、のんちゃんが勉強の内容を全部理解して解けるようになっていたら、全教科100点とれるでしょ？」という考えでしたし、一番上の姉も常に450点以上とっていました（真ん中の姉はわからない。笑）。そして、ユウタもカズキも毎回４５０点以上とっていたので、５００点満点中４５０点をとるということは当たり前だったのです。

そういった環境に私自身の負けず嫌いの特性が合わさり、「絶対に満点をとってやる！」という強い気持ちが自然と作られていったのだと思います。

また、定期テストは学校の先生たちから自分たちへの「挑戦状」なので、それを作ってくれている先生にお返しをする意味でも、「本気で満点を狙いにいくのが礼儀だ」という気持ちも少なからず高得点をとるモチベーションになっていたかな、と思います。

「先生、5が欲しいです」

定期テストで満点を狙うのはもちろんのこと、内申点をオール５にすることにもこだわっていました。というよりも、ありがたいことに中学校入学当初から通知表の評定はオール５でしたので、一つでも４があるのは嫌だった、満点でないことが気持ち悪い、という感覚でした。

何回かオール5が叶わないこともありました。その科目は「保健体育」です。小学校時代は新体操、中学では剣道と、それぞれでスポーツはしていましたが、センスのなさを根性でまかなうタイプでした。なので、保健体育はそのときにやる種目によってはどうしても5がとれないことがあったのです。

特に、テニスはそもそもラケットにボールが当たりませんし、当たったとしても、なんでそっちにボールが向かうの？　とクラスメイトからツッコまれそうなほど見当違いの方向に飛んでいきます。また、バレーボールもからっきしダメで、オーバーハンドトスをしようとすると必ず突き指をするといった具合です。突き指はもうしたくなかったのでアンダーハンドトスをすると、これまたとんでもない方向にボールが飛んでしまうという感じでした。

ということで、どんなに頑張ってもスポーツはどうしてもうまくいかないので、評定が5にならないことがありました。ただ、そこで諦めるという選択肢がないのが私です。自分の力でどうしようもないことは、人に頼る！　ということを思いつきました。わりと何でも自力でやってしまおうという私にとってはやや珍しい決断でした。

直接、保健体育の先生に、「5」が欲しいということを伝えようと思いついたのですが、なぜか緊張して最初の一歩が踏み出せずにいました。その保健体育の先生はバスケットボール部の顧問をしていたので、緊張せずに話しかけられるようにバスケ部の友だちに「私についてきてほしい」とお願いして直談判をしに行きました。

「先生！　私、体育の授業すっごく頑張っているんです！　球技は苦手でうまくできないのですが毎回うまくできるように頑張っています！　なので、私の保健体育の内申点を5にしてください！　お願いします！」

なかなか生徒から直談判されることはないようで、先生も驚いていました。ただ、前向きな訴えだったので嫌な顔をすることはなく、「じゃあこういうことを頑張ってみなよ」とアドバイスをしてくれました。勉強は自分の力でやる側面が大きいものですが、自分一人ではどうにもできないことがあります。そういうときには一人で悩まずに、先生であっても助けを求めてみると現状を打破するための助言をもらえる、そう思えた一件でした。

調べ学習のテーマは「頭がよくなる方法」

中学校では自分の興味のあることについて調べ、まとめる、という総合の授業がありました。毎年違うテーマについて調べるのですが、ある年に私が選んだテーマが「頭がよくなる方法」でした。

「変な人でもいいから天才になってみたい。普通ではない、すごい人になってみたい」と、「頭がよくなること」「賢いこと」に対して相当な憧れがありました。これはおそらく父の影響です。

父は何においても「そのやり方は賢かったか」、言い換えると「先を読んでいて無駄のない効率的なやり方であったか、求めるものを得られる効果的なやり方であったか」ということを考えていました。なので、自分にとっても「賢い」ということが非常に重要な価値観の軸になっていました。

こうした影響を受けて、この際、常日頃から関心があった、より「賢くなる」＝

「頭がよくなる方法」を調べたのです。といっても自分で「賢くなること」を証明することは難しいので、それに関する本を読むことしかできなかったのですが、何冊かの本を読んで、スライドにまとめました。

私が手にとったのは、川島隆太先生（東北大学加齢医学研究所応用脳科学研究分野教授）の本でした。「脳トレ」などで有名な川島先生の本に、「賢くなる」ためのカギがあるのではないかと思ったのです。川島先生の本はたくさん刊行されていますが、何をしているときに脳が活性化するのか、ということがテーマになっている本をメインにまとめた記憶があります。「頭がよくなりたい」「賢くなりたい」という気持ちが強いこともあり、夢中で本を読みました。

肝心のレポートは、「本の内容をまとめただけで、本当はもっと実験をしたほうがよかったのではないか？　これは何も研究とは呼べないだろう」と思うくらい満足ではない出来だったのですが、中学校に提出したところ、「このテーマで全校に発表してほしい」ということを言われました。「こんな不完全なものでいいのかな？」と思ったのですが、先生からＯＫが出たので全校集会のときに発表をしました。するとありがたいことに「とてもよい内容だった」とのコメントもいただきました。自分が興味を持てるテーマを見つけられたことと、そのテーマについて他の人も興味を持ってくれたことに喜びを感じたものです。

また、「自分の評価と人の評価は違うんだな、自分はまだまだと思っていても、他の人にとっては価値のあるものになる、ということがあるんだ」ということが実感できたありがたい気づきを得られる出来事にもなりました。

陰キャと陽キャのはざまで

今まで、勉強、部活について触れてきましたが、友人関係についてもちょっとお話ししますね。勉強に直接関わることではないので、興味のない方は読み飛ばしてくださいね（汗）。

勉強に、部活に、生徒会になにかと忙しく毎日を送っていましたが、正直なところ、中学時代が一番つまらなかったです。つまらなかった、というか悩みが尽きない時期でした。

中学1年生のときは、仲のいい友だちがクラスに一人いましたので、とっても楽しい日々でした。部活でも仲間がいて、悩みもありませんでした。

私が通っていた中学は2年生になるときにクラス替えがあり、そのあとはクラス替えがなく、2年間同じクラスメイトで日々を過ごすことになります。中学2年生で新しいクラスになったとき、周りには1年生のときの友だち以上に仲良くなれる人がいませんでした。休み時間は1年生のときに仲が良かった友だちのところに話しに行く、という日々が続きました。でも、月日が経つごとにその子も新しいクラスで仲のいいグループができ、私とその子は次第に距離ができてきました。一方の私は自分のクラスのグループにうまく入れず、いくつかのグループを転々としていました。

グループを転々としていると、心も安定しません。体育館に行くとき、実験室に行くとき、家庭科室に行くとき、その都度、一緒に行ってくれる友だちを探すというのに疲れてくるようになりました。とはいえ、たかだか5分か10分の休み時間での話なので、そこまで実害は大きくなかったのですが、一番困ったことが起こりました。

中学2年生のときの修学旅行の班分けです。修学旅行の約1ヵ月前、旅行中に行動をともにする班を作るということになりました。女子は2〜3名ずつに分かれないといけません。当時の私には「2人グループ」「3人グループ」と言えるような仲のいい友だちがいなかったので、グループに入れなかった人の寄せ集めのグループを作らざるを得ませんでした。

中学のときって、一番人の目を気にする時期ですよね。今でいう「陰キャ」「陽キャ」というものはなぜかはっきりと存在していて、必ずどちらかに分類されることになってしまう、そんな圧力がどこからともなくかかっている、そんな時期なのかな、と思います。

当時の私の中での「陰キャ」「陽キャ」のイメージはこんな感じです。

「陰キャ」というと、地味な印象で人と話さず、学校でも家でも、外でも特にやることもないので勉強をする時間がある。したがって成績はいいほう。一方で「陽キャ」は休みの日にはおしゃれな服を着てゲームセンターに行くような少し不良な感じ。常に友だちと一緒にいて、遊ぶ時間が多いので家にいない。したがって勉強はできない……。

私は、休みの日にゲームセンターに行ったりするのは好きで、いわゆる陽キャの友だちともそこそこに仲良しで、ただ、おしゃれとかスタイルがいいとかではないし、不良要素も1ミリたりともない、そして部活も一生懸命で勉強はぶっちぎりでできる、という感じで、「陰キャ」「陽キャ」の本当にどちらでもない立ち位置にいたのです。

結果、修学旅行の班分けでは陽キャのグループには入れず陰キャの子とグループになることに。一緒の班になってくれたクラスメイトにはすごく失礼な話ですが、当時の私にとってはとっても悔しく無念な瞬間でした。

この班分けでの経験もあって、よりいっそう「人を分け隔てしたくない」「その人はその人として、レッテルを貼ることなく仲良くなりたい」という意識が強くなりました。「仲間外れをつくらない」「誰とでも仲良くなる」という、今でもずっと大切にしている人付き合いでの価値観がこのとき、しっかりとつくられたように思います。

得点と順位が明確になるテストを月に1回受ける

小学1年生のときに初めて塾という場所に足を踏み入れ（父が経営していた塾です）、6年生から本格的に塾での学習を始めた私ですが、もちろん、中学3年間も通い続けました。

のほほんとした雰囲気の小学生クラスとはうって変わって、中学生クラスは高校受験も控えているため、若干、ピリリとした感じでした。また塾生の数も多く、同じ中学で学校の定期テストの成績を張り合っている優秀な友だちも同じ塾にいたので塾での勉強はとても刺激的でした。

塾では毎月、英語と数学のテストがありました。そしてテスト後は各々の得点と順位が毎回廊下に貼り出されます。塾生の中での上位者の点数がはっきりと見えるかたちになるのです。特に「勉強」で「テスト」となると私の負けず嫌いスイッチが発動するので、塾のテストでもバッチリ気合いが入っていました。さらに、誰が

1位だったのかがひと目でわかるので、メラメラと闘志が燃えました。幸いにも、いつも1位を維持できたのでとても気分よく通塾できていました。

年に数回ある学校の定期テストだけでも十分ですが、月に1回、勉強の成果が明確になるテストを塾で受けることは、怠け者の私にはかなり効果がありました。「勉強しなさい」と人に言われるよりも、「絶対に上位者になる！　1位をとってやる！」という目標を自ら掲げて進むほうがやる気になりますし、1位という座を自分の力で奪いとる快感はなににも代えがたいものでした。

また、学校の定期テストだと、誰がどのくらいの点数をとったのかがわからなかったので（でもある程度、優秀な子は把握していました）、私の負けず嫌いスイッチはなかなか発動しなかったかもしれません。月に1回、なにがなんでも勉強をしなくてはならない環境にいられたことはとってもありがたいことでした。

なぜテストで満点をとろうとしないのかがわからない

私の負けず嫌いスイッチを発動してくれていた毎月のテストの他に、塾では小テストがありました。授業の前の10分間が小テストの時間でした。特に英語は、前の週に習った単語などを覚えてくれれば点数がとれるような内容のものでした。

私は小学生のときから、「テスト」＝「満点をとるもの」だと思っていたので、小テストであったとしても、満点をとれるように準備をしてテストに臨んでいました。小テストなので、問題数も少ないですし、復習さえすれば解ける問題ばかりです。ただ、同じクラスには、小テストだからといって満点をとろうとしない子もいます。

満点をとろうとしてもとれない、という状況はわかるのですが、そもそも「満点をとろう」と思わない人もいて、その存在にはだいぶ理解に苦しみました。「小テストだから、そんなに点数をとれなくてもいいってどういうこと?」と。

塾を経営する身になっていろいろなタイプの生徒を見ているので、元来負けず嫌いではない、テストの点数を気にしない子がいるということが理解できるようになったのですが、当時の私には考えの違う人がいることが理解できなかったのです。だいぶ価値観の凝り固まった子だったな、と思います。

ただ、「満点をとろう」という姿勢は東大合格のためには不可欠でした。「東大」と聞くと「難しい問題が一瞬で解ける天才じゃないと入れないでしょ」というイメージを持つ方もいるかもしれませんがそんなことはありません。一つひとつの知識を間違えずに覚えたり、公式を成り立ちから理解して使えるようにしたりと、地道な基礎固めをし続けた先に東大の試験問題はあります。なので、今目の前にある一つひとつの壁を漏らさず越えていく、つまり、「テストを受けるなら満点をとろう」と考えて準備してテストに臨むことはとても大事な姿勢だと思います。

先生は「私よりすごい存在ではない」

この本をここまで書いていて、私はあまりにも自分自身にしかわからないこだわりというものを抱えていたのだなと気付きました（今さら？　遅っ！）。「なんであなたはテストで満点をとろうとしないの？」「なぜ1位を目指さないの？」と友だちから言われたら本当に嫌ですし、そんなことを言ってくる子と友だちになると、いろいろと戸惑いそうです。「今さら変だって気付いたのかよ！」とツッコミが入ってしまいますね(笑)。

もう少し人に優しく接することができていたらよかったのかもしれません。でも中学生の私にはそれができませんでした。これも、自分の幼さを表しているエピソードなのですが、中学生のときの私は、「基本的に自分よりも〝すごいか・すごくないか〟」という視点で、自分が相手より下だと思うと不安になり、相手より優位にあると安心していました。早い話、なにかとマウントをとりがちなタイプだったのです。

その「すごいか・すごくないか」の判断基準の一つに、「自分より賢いか・賢くないか」というものがありました。その頃の私は、学校や塾のテストではほとんど満点をとり、人にあえて教わることもないような感じだったので、自分よりも賢い人はそうそういないと考えていました。友だちやクラスメイトたちをそういう感じで見ていましたし、「すごい」と思うような大学を出ていない先生に対しても、自分よりも下だと見ていました。極めて生意気な中学生でした。

今、思い出してみても、だいぶヤバい人間ですね。これは勉強ができるがゆえの弊害というわけではなく、単に、小学校以降は勉強の出来不出来のみを人の判断の指標にするという偏った価値観が醸成されていたのだなと思います。

「賢くなりたい」「テストでよい点数をとりたい」という思いから、勉強に熱を入れるのはとてもよいことですが、「賢さ」「点数」で周囲の人やクラスメイトのことを判断する必要は一切なかったと今となっては思います。

家族の中では存在が薄かった私の高校受験

高校受験は自分の中でも印象が薄いのですが、当時の自分を思い出すと、それなりにしっかりと緊張して臨んだ記憶がよみがえってきます。

田舎で高校が少なく、勉強の成績ごとに受けるべき高校が決まるような感じでしたので、志望校選びに迷うことは全くありませんでした。父も姉2人も通っていた、地元で一番の進学校を選びました。

中学3年生になると受験が近づき、休み時間でも自習をする人が増えるなど、クラスの中でも緊張感が高まっていました。

受験対策は基本的には塾で与えられたものをやっていましたが、毎回の定期テストで万全な対策をしていたこともあり、受験直前の半年ほどで過去問や他県の類題を解いて対策をするくらいで、そこまで身を削って臨んだ日々ではありませんでした。

1年浪人した一番上の姉と、高校3年生の二番めの姉も同時に大学受験があったので、家族は私の受験どころではありませんでした（笑）。姉たちは2月に合格が決まり、高校の合格発表は3月中旬。自分としてはもちろん初めての受験で受かるかどうかものすごくヒヤヒヤしましたし「落ちたらどうしよう。もっとやっておけばよかった」と発表前には後悔のどん底にいたのですが、他の家族たちは「受かるに決まってるでしょう」という態度だったので、妙な安心感と不安の中過ごしました。

合格発表を迎え、無事受かっていることを確認して、すごくうれしかったのですが、家族の中ではやはり、そこまでのビッグニュースにはならずに高校受験は終了しました。

＊＊＊

ここまでざっと高校受験までの勉強法などを紹介してきました。本書の冒頭でも触れましたが、いわゆる東大生の勉強ノウハウ本にはしたくなかったので、勉強法以外のちょっとしたエピソードも織り交ぜています。あまりにも普通で、あまりにも偏屈だとお思いになりましたでしょうか？　ただ、そういう勉強以外のことから何かヒントにしていただけることがあればいいなと思っています。東大合格は勉強をしっかりすればよいわけではないんです。

また、本書では中学時代までの勉強法を紹介するにとどめておきます。「高校時代の勉強法を教えてよ」というツッコミを入れたいですよね（笑）。実は、当初、高校時代の勉強法も盛り込もうと考えていたのですが、やめました。今回は子育てをなさっている皆さんに読んでもらいたいという気持ちがあったからです。子育て世代の方の関心は幼児期〜小学校での過ごし方だと思います。中学生時代まで広げて考えるのはややしんどいですよね。さらに高校時代というともっとしんどい。そもそも、イメージがまだ湧きにくいと思うのです。なので、中学生時代まで、にとどめました。一つでも何かヒントになることがあれば嬉しいです。

さて次は子育て真っ最中という皆さんと共有したいことをお話ししますね。

第5章

ママになって
思ったこと

何にでも興味を示す息子たち。
そのエネルギーにてんてこまいになることも……

選んだ道を正解にする

自分が親になって思うことは、「子育てに正解はない」ということです。学校での定期テスト、漢検、そして「東大合格」を目指して勉強に邁進していた頃は、当たり前ですが、問題には必ず「正解」というものがありました。そして正解に辿り着くための解き方＝解法がありました。それに対し、子育てには答えがないし、これをすればOKという法則がありません。

初めての妊娠、出産、そして初めて赤ちゃんとともに過ごす生活は、お母さんにとって不安そのものだと思います。生まれて3～4日ほどすると赤ちゃんがおっぱいを飲めるようになりますが、わが子がおっぱいを飲むその姿を見ているだけでも、「赤ちゃんはおっぱいをしっかり飲めているだろうか？」「飲みやすくするにはどんな体勢がいいだろうか？」など疑問が次から次へと生まれてきます。

他にも、

「寝ているときの頭の位置は変えたほうがいいのだろうか？」

「授乳中にスマホは見るべきでないだろうか？」

「わが子の体幹を鍛えておいたほうがいいだろうか？」

「ベビーカーはどのメーカーのものがよいのだろうか？」

「オムツは買ってきているけれど、布オムツのほうがいいのか？」

「毎日食べさせているものは本当に身体によいものなのだろうか？」

など、朝から晩まで考えるべきことは本当にキリがありません。皆さんはどうでしょうか？


また、一人めの子どもの子育ては誰にとっても初めての経験です。親や知人などに都度アドバイスをもらうこともありますが、基本的には手探りで一つひとつの疑問、課題に対して正解を探し続けなければなりませんし、子どもによっても状況によっても最適解は変わります。つまり、答えはないものがほとんどです。そして、その自分で導いた答えに対して自信を持つか、持たないかは完全に自由です。

私は塾長という立場で仕事を抱えていることもあって、「子どもを1歳から保育園に入れるか、3歳までは家で母親が面倒をみるべきなのか」と子どもを産むたびにかなり悩みました。長男のときには「自分自身で育てたい」と思いましたが、次男のときには「昼間も仕事がしたい。ずっとテレビを見せているのも申し訳ないから保育園に入れたい」と思うようになりました。そして三男のときには「1歳になったら保育園に入れよう」ということで早々と保育園入園の手続きを済ませていました。

長男とずっと一緒にいた時期は子どもの成長をすぐそばで感じることができて幸せいっぱいでした。ただ一方で、離乳食を毎日つくったり、オムツを替えたり、散らかしたおもちゃなどを片付けたり……本当に涙が出そうなほどしんどいときもありました。そして仕事をしたいのに、息子がなかなか寝てくれないことにイライラして怒鳴りつけてしまったり、時間が十分あるはずなのに、家事が全く進まない自分を強く責めたり、ストレスもそれなりにありました。三男が1〜2歳のときは、すでに保育園に預けていたこともあって、成長を一番近くで見られない寂しさはあったものの、保育園のお友だちや先生と関わり合っている息子はとても楽しそうでした。そして、ずっとは一緒にいられないからこそ一緒にいられる時間を大事に、笑顔で過ごせるように心がけることができるようになっていました。私も息子とともに成長したものです。

3人の息子たちは元気いっぱいに育っています。私はときどき、彼らがまだ幼かった頃のことを振り返って、息子たちにしてきたことを一つずつ答え合わせしてみることがあります。今のところは「あのときはかなり迷ったけれど、どちらを選んでも幸せだったのかもしれない」という結論にいたっています。つまり、結果を見ると、どちらを選んでも最終的にはなんとかなることが多いということです。であれば、「あのとき、あの選択をしてよかったのか」と不安に思うなんてあまり意味がない。自分が選んだ道を正解にする、これを選んだ自分は幸せだし、子どもにとっても幸せだ、と信じて突き進むしかない、そう私は強く感じて今も息子たちと向き合って日々を過ごしています。

お母さんの自己概念が子どもの自己概念を決める

「私たちの子どもなのだから大丈夫」

親のこの自信が子どもにとっては何をするにも一番の「土台」なのかなと思って

います。長男は今、小学校の中学年なのですが、2年生の頃から学校の宿題をしません。人から課されたものをやる、ということを長男は極端に嫌い、何を言われても一切手を伸ばしません。「宿題をやろうよ」と声をかけても他のことに熱中していて聞いてもいませんし、やっと始めたかと思えば漢字の練習で一文字書くのに15分かかることもあります。また九九を覚えるのが面倒くさいようで7の段以降は未だに記憶があやふやなようです。これまで何度も宿題をやらせようとしたのですが、今もなお拒否反応が出ます。

でも、私は長男を赤ちゃんの頃から見ていて、ものすごく賢い子だと思っています。離乳食を始めた頃、食べ終わった食器を下から大きい順になるように考えて重ねたり、本を読み始めると何時間も集中して読みふけっていたり、小学2年生のときには自分でラーメンをつくって弟たちと食べていたりと、なかなか観察力があって、やりたいことをやり遂げる問題解決能力は備えていると思っています。もしこの先、突然宿題をやると言い出したら難なくやり切れる能力はあると思っています。なので、「大丈夫」と信じて、長男に宿題を無理矢理やらせることは一切しません。

でも正直言って、「今のままでも大丈夫」という心境に至るまで不安でした。他のお母さんたちから「うちは帰ってきたらまず宿題をやるように言っているよ」「うちの子は毎日ドリルもやっています。問題を解くのが好きみたいで」というような話を聞くと、「なんでうちの子はあんなにやらないんだろう」「宿題くらいは人としてやらせないといけないのではないか」「私の子育ては間違っていたのだろうか」というモヤモヤが蓄積され、長男を叱ってしまうこともありました。

ただ、「宿題をしないと本当に困るのか？　子どもの頃宿題をしなかった人がみんなヤバい大人になっているか？」というように視点を変えて考えてみると、「まぁそんなに（宿題は）必要でもないかな」との答えに辿り着きました。私は必ず宿題はやる子どもでしたが、ギリギリになってから取り組むほうだったので、宿題をきちんとしていたというわけでもなかったのかなとも思えてきたのです。「宿題をしないくらいで息子がヤバくなるわけがない。大丈夫。絶対に大丈夫」そう捉えることができるようになったので、イライラすることもなくなり、息子がしたいことを温かい目で見守ってあげることができるようになりました。

これがもし、私が自分に自信がなく、「わが子はヤバいかもしれない」「私の子どもはろくでもない子になってしまうかもしれない」「ダメな子にならないように私が何とかしなくては」と思い続けていたら、もっとイライラして、無理矢理宿題をやらせようとして、長男と毎日のようにバトルを繰り広げていたかもしれません。そんな日々、嫌ですし、悲しいです。

私の長男のように、断固として宿題を拒否する子はそこまで多くはないと思いますし、宿題を「やらない」という、あまりにも勇気が必要な選択をあえてとるご家庭は少ないかと思いますが、「子どもを信じてどこまで見守ってあげるか」ということは子どもの行動力や思考力を左右する大きな要素だと考えています。

例えば、子どもが転んだときに毎回「大丈夫？」と心配してすぐ駆け寄るのか、それとも、「角にぶつからなくてよかったね！　ラッキーだったね！」などと声をかけるのかで、その子の転んだときの反応は変わると思うのです。「転んでしまった！　すぐに助けなければ！」ではなく、「うちの子は転んでも大丈夫。自分で立ち上がれる」と思えると、親は見守り、子どもは「ママがいるから大丈夫」と安心しながら自分の力で立ち上がり、そしてまた歩き出すことができるのだと思うのです。

親が心配そうな顔ばかりしていると、子どもは「ママとパパはいつも困った顔してる」「ぼくが転ぶと泣きそうなママ。なんだかわからないけどこわい」と思って失敗すること（転んだりすること）を恐れるようになり、新しいことをしようという気持ちが湧きにくくなってしまうこともあるかもしれません。

「何かあっても親は自分を信じてくれる」という認識は、私の実体験からして、およそ1歳くらいにはすでにできているのではないかなと感じています。まずは子どもを「信じて」ください。そしてその「信じる」の積み重ねが、子どもの「自分はできる」という自信を身につけることにつながると思います。

「パパとママは最高なんだよ！」

先ほどお話しした、「私たちの子どもなのだから大丈夫」という自信を親が持つには、夫婦のあり方がとても重要です。もし、パートナーのことを「ろくでもない人だ」と思っていたら、「わが子はこんな風に（パートナーのように）なってほしく素晴らしい人にならなかったら、その分自分の子が素晴らしい人にならない」と感じて、それが自然と言動に出てしまうものです。逆に、パートナーのことを「素晴らしい人だ」と思っていたら、「わが子はこの人の子なのだからきっと素晴らしい人になるだろう」という想いが自然と外に出てきます。

私の父と母は、互いを素晴らしい人だと思うことを、ごく自然にやっていたと思います。特に母はいつも「パパの子なんだから、のんちゃんは、何があっても大丈夫だよ」と言ってくれていました。そう母が言ってくれると、「そうか、のんちゃんがすごいのは、パパがすごいからなんだ。パパ大好き！」と思っていました。なので、物心ついたころから父のことを尊敬していましたし、その分父の言葉をしっかりと受け止められるようになっていました。

夫婦間で互いを非難し合って、互いを下げ合うことはいとも簡単にできてしまいます。それに比べて互いの素晴らしいところを認め合うということは、夫婦であっても、なかなか難しいことです。夫婦だから難しいのかもしれません。ちょっと気恥ずかしさもありますし。結婚前や直後の夫婦間のやり取りを振り返ると、なぜ時間が経つとこうも男女の仲は変わってしまうのかなと残念に思う方もいらっしゃるかもしれません。

「今さら旦那を褒める？　できないよ！」という皆さん、何でもいいのです。「パパはすごく優しい」「ママは会社でとっても頑張っているね」などたわいのない内容から始めてみてください。子どもの前でも褒め合っていると、子どもはパパのこともママのことも大好きで敬意を持つことが当たり前になるかと思いますし、実際になっていると感じます。また、夫婦間の愛情もさらに深まるので一石二鳥、ですね。

夫婦は子どもが生まれてから最初に目にする社会の光景です。そこで問題が起きたときに互いに敬意をもって前向きに解決するか、互いのせいにしてケンカするか、どんな風に問題解決がなされるのかを子どもは見ていて、それをスタンダード（基準）にすると思うのです。

夫婦間で意見が異なることはもちろんあります。意見が異なるときにこそ、なぜ相手がそう考えるのかを理解する。そして、自分が考えていることやその理由を理解してもらう。対話を積み重ねることで、対立した意見はよりよいアイディアに変わることもあります。どんなときでも互いに敬意と感謝の気持ちを持ち、その姿をわが子にも見せていく。そうすることで「パパとママの子だから私は大丈夫」という自信の土台をつくってあげたいですね。

「当たり前」をつくる

「子どもは親の顔を見て育つのではない。背中を見て育つ」と誰かが言ったのを聞いて、「その通りだな」と深く共感したことがあります。

実際に子育てをする中で、自分が思っている以上に、自分が「見せよう」と思っている顔ではなく、自分が「図らずも見せている」背中を子どもは見ているのだなと思います。

当たり前ですが、私の子どもは日本語を話します。それは、私たちが日本語で生活をしているからです。私は子どもたちに英語を話せるように育ってもらいたいと思って環境選びをしていますが、私にとって、英語は「読めるし、書けるけど、聞けないし、話せない」という苦手意識があり、英語で人と会話はできないな、英語で会話できる人はかっこいいな、すごいな、と思っています。その前提で私も子どもと英語について話をするので、子どもの中では、「英語を話すことは大変なのだ」という認識が少なからずつくられているように思います。

これがもし、私が英語を日本語と同じように使えて、「英語で会話することは特別なことではない」と思っていたら、例えば「英語ができてすごいね」という言葉がけはないでしょうし、「英語を話すことは大変だ」という認識が生まれるような言葉は出てこないと思います。それは、私たちが日本語を話していることが当たり前であって、「日本語が話せてすごいね」と言うことと同じだと思います。

これは何においても言えることだと思います。毎朝朝ごはんを食べることが当たり前な家庭で育てば、朝ごはんを食べるのが自然だと思うように、勉強することや満点をとることが当たり前の環境で育てばそれが自然だと考えます。そして大学にいくことが当たり前な家庭で育てば大学にいくことが自然だと感じると思います。「仕事は楽しいものだ」という考え方が当たり前な夫婦のもとに育てば、「将来こんな風に仕事を楽しむのだろうな」と自然と思うようにもなると思いますし、パートナーに「お帰りなさい、おつかれさま！」と迎える夫婦のもとに育てば、相手をいたわることが当たり前にできるようになると思います。もしも「勉強をやらせたい」と思うのであればまずは親の私たちが「学び続けることを楽しむ」という背中を見せていく必要があるのかな、と思います。

ある日、中学生の子をもつお母さんとお話ししたときに、「お子さん、起業をしてみたらいいんじゃないでしょうか？」と私が言うと、「のぞみ先生は起業されているから起業という選択肢を子どもに与えられるのですね、私はそんなこと思いつきもしませんでした」と言われて、「起業を勧めることは私にとっては特別なことではないんだけどな。当たり前にやっていることが参考になることもあるんだな。自分が知らないことは人に勧めることもできないし」と改めて思いました。子どもに人生においてたくさんの選択肢を見せるためにも、まずは親である私がたくさんの行動をして広い背中を見せていきたいな、と決意を新たにした瞬間でした。

親こそ外に出て学びに行こう

「親こそ外に出て学ぶべき」

今でこその言葉が大事だと思っていますが、５年前の私であれば、こう言えなかったと思います。

本書でも紹介してきたように、私は公立の小学校、中学校、高校はすべて地元の公立校に通いました。そして全額ではないものの、予備校は割引制度があるところに行っていましたし、最終的には国立大に進学しました。また塾は父が経営する親の塾だったので、実質無料でした。なので私には「学びにたくさんのお金をかける」「お金を払って人に教えてもらう」という価値観があまりありません。

東大に向けて受験勉強に勤しんでいたときには、学校や予備校の授業ももちろん役に立ちましたが、自分に合う参考書を使って自分のペースでやる勉強が最高に効率がよいと考えていました。通信教育もある程度は自分のペースで勉強できますが、教科書や塾の参考書がすでにあるのに、わざわざ通信教育を受ける必要性は感じていませんでした。

社会人になってからは、簿記や宅建を受けましたが、そのときも特に予備校に通ったり、通信教育を受けたりするのでもなく、独学で勉強していましたし、

「本を読めばだいたいわかる」

「人にわざわざ教わるなんて学ぶ力がない人のやることだ」

「家でできない人が外でできるわけがない」

とも考えていました。

頑なにこう思っていた私がなぜ「外に出て学ぶべき」だと思えたのか。それは、2018年から「セミナー」と言われるものに参加したことがきっかけでした。2016年に学習塾の運営を始め、約2年が経とうとしたときに、「本を出したい」と思うようになりました。当時は4歳と2歳の子どもを保育園などに預けることなく、育児と仕事、家事……ともう毎日があっという間に過ぎる日々。さらに夫は仕事で夜遅くに帰宅することがほぼ毎日で、完全にワンオペ状態でした。

「このまま塾をずっと一人で続けていくのか?」と考える中で、「塾もやりがいがあるけれど、さらに人に誇れることをしてみたい。そうだ、本を出そう!」と思うようになりました。当時の私は「東大に出たのに官僚にもならず、大企業にもいかず誰にでもできそうな学習塾をやっている。本を出したら東大の同級生にも少しは自慢できるのではないか」と思ったのです。そしてある日、塾のイベントで皆の目標を発表するということがあって、そのときに私は「本を出す」と紙に書きました。

生徒の前で発表した手前、実現させたい、実現させよう、と思う気持ちが強くなっていくのですが、インターネットで調べてみても、ノウハウ本を読んでも、出版するためにはいろいろなハードルがあり、さらに私の周囲にマスコミ業界にいる人がいなかったので、どうしたらいいのかわからないという悶々とした日々が続きました。

そしてそのときに初めて、「本を読んでもネットを見ても本を出すために必要な知識は得られない。独りでやるのには限界がある。そうだ、出版セミナーを受けよう！」と考え、出版セミナーを探し、「本をなんとかして出してみたいので、セミナーに参加したい、これに出てみたい」と夫に伝えました。

夫は当時サラリーマンで使えるお金も限られていたのですが、「この気持ちを諦めたら私の人生、私の野望が言葉にならないまま、モヤモヤしたまま終わってしまう！」、そんな焦りがあったので、何度もセミナーのことを伝え、なぜ行きたいのか、行ったらどんないいことがあるのか、そしてセミナーを受けることで必ず得る未来について話し、夫から「頑張って！」とゴーサインをもらいました。

三男を妊娠中の10月に宅建を受け終わり、出産直前の翌年の2月に出版セミナーに「なんとかチャンスをつかみ、三男が動けるようになる生後7ヵ月頃になるまでに本を書かないと私が本を出すことはない！」という背水の陣で臨み、セミナーで言われた通りに実行して、ありがたいことに1冊めの本を出すチャンスをいただくことができました。

知識を得てそれを実行に移すことができたのは、「期限が決まっていて、今やるしかないと思えたから」なのですが、それと同じ、もしくはそれ以上に大きな決め手になったのは「成功した前例があるノウハウを知り、それを『あなたもできるよ、できるに決まっているよ』と背中を押してもらえたこと」だと思います。それは独学では絶対に得られないものでした。

信頼できる人から「あなたはできる」と直接言ってもらえることのパワーは計り知れません。

それ以降、夫が紹介してくれたビジネス研修にも参加し、たくさんの尊敬できる経営者の先輩、志をもって仕事をしている友人たちに出会いました。そしてどんなにすごい人でも、すごい人だからこそ学び続けていて、すごいな、と思う人には必ず尊敬する師匠のような存在がいること、本だけでは学べないことがあることを知りました。今も定期的に参加し、大きなパワーや刺激をいただいています。

ここで私が何を言いたいかというと、私の地元を含め、日本では「お金をかけずに勉強することが大事」「勉強、学びは子どもがするもの。大人になったら仕事をする」「学校は学生が通うところ」と考える人が未だにとても多いのではないかということです。

でも、そんなことは決してなく、大人も子どもも、生きている限り学び続け、成長し続けられる存在であり、そうすることでどんどん価値のある存在、価値を周りの人に与えられる存在になっていける、ならなければならないと思っています。今の時代、人生１００年といいますし、リスキリングやリカレント教育という言葉をよく耳にするようになりましたし。

「大人になっても学び続ける」こと。これを親である私たちが身をもって子どもたちに見せていくことで、子どもたちは将来の自分たちに対してワクワクしながら学びを続けることが当たり前になるのだと思います。実際、学ぶために外に出るようになってから、ストレスも減り「ママ、楽しそう」と息子たちに言われるようになったと思います。

どうして勉強するのか

学校で勉強をしている小学生、中学生、高校生、そして大学生、社会人にとって、「どうして私たちは勉強をしなくてはならないのか」は大きな疑問の一つではないかと思います。

私個人の勉強をする目的とは「自分で自分を成長させる力をつけること」です。私が勉強をしてきた理由というのは「人(友人)に負けないため」であり、その動機が純粋だったとはとても言えませんが、それでも、勉強を頑張ってきてよかった、と今だからこそ自信をもって言えます。

「今だからこそ」と書きましたが、正直、先ほどお話しした「セミナー」に参加するまでは、勉強を頑張って東大に入ったことの何がよかったのか、１００％満足できていない自分がいました。というのも、小学校の頃から勉強は「人に勝つためのツール」だったからです。大学受験では「誰にも負けていない、私が一番」という称号をもらえる「東大」を目指し、なんとか無事入ることができたのですが、東大に入ってからなぜ勉強するのかわからなくなってしまい、苦しんだからです。

東大に通うとなると、当たり前のことですが、周りのクラスメイトも全員「東大生」です。今までの「バカそうに見えるけど実は頭がいい」的なキャラも、自分以上に賢いクラスメイトの前では当然全く発揮されません。生物が好きでノーベル賞を目指して東大に入った人や、東京藝術大学に受かったのにやっぱりやめて東大にきた人や、高校生のときにモデルをしていて東大に現役で入った人や、同じ授業を聞いていても理解度が自分の10倍以上の人など、自分とはケタ違いのスペックや純粋な動機を持っている人ばかりで、ゲームとして勝つためにやってきた浅はかな自分が居られるような場所などどこにもないように感じました。

そこから私の自分探しの旅が始まるのですが、紆余曲折あり、大学４年生でＩＴ

ベンチャーにご縁があり何とか入社させていただくも、入社2年目で妊娠・出産とともに退社。生活費のために自宅で塾を始めて、「何のために勉強をするのか」ということの答えがないまま惰性で生きてきた気がしていたからです。

ただ、2019年、2020年とセミナーに通ってたくさんの情報や人に出会うことで、認識が大きく変わりました。出版セミナーでも、目標達成の技術を学ぶ講座でも、自分の学ぶ力が圧倒的に高いことが、周りを見ていて明らかだったからです。同じ講義を受けていても、講義中に出てくる言葉の理解度、講義を聞いて何を持ち帰りたいかの課題設定の仕方、ノートのとり方、気づきの多さと深さ、素直さ、どれをとっても周りの受講生仲間に驚かれました。

例えば、勉強するときに、先生が言っていることをノートにとることは当たり前ですが、それに加えて自分の思ったことや気づいたことをメモすることも普通だと思ってやってきました。また、わからない言葉があればその場で調べて理解すると、読めない漢字、知らない固有名詞をなるべくゼロに近い状態にすることも私にとってはごくごく当たり前のことでした。

自分では当たり前だと思って昔から継続してやっていたことが、他の人にとってはすごいことであるということを知り、「自分もダテに勉強していたわけじゃないんだな」ということを驚きとともに実感しました。それの何がよかったのか、というと、単に「褒められてうれしい」というだけではなく、「自分がやろうと思うことやりたいことに対して、ものすごい速いスピードで学ぶことができる」という状態ができていることです。

生活費のために始めた塾ですが、人を応援することが大好きで、それに本気で向き合える塾の先生という仕事に誇りを持っていますし、「学習塾から日本中の子どもたち、ご家庭を幸せにしたい！」という志を持って日々仕事に取り組んでいます。

そのための学びにも業務にも、勉強で培った体力、精神力、集中力、分析力、粘り強く考える力、視覚化する力、国語力、論理的思考力、抽象化する力、タイムマネジメント力、セルフモチベート力などのすべてを総動員させて取り組み、一人でできることもとても多く楽しく仕事をしてきました。そこに新たにマネジメント力を鍛え、人の力を借りてより多くのことができるようになっています。自分の心のエンジンの大きさとタフさは勉強で鍛えられたので、もし過去にタイムリープできれば、毎日机に向かっていた頃の私に「その時間は決して無駄にならないよ！　頑張れ！」と励ましてあげたい。

心理学は子育てのマストアイテム

先ほど少しお話しした研修の中に「目標達成の技術」を学ぶプログラムがありました。この研修の中で「選択理論心理学」を学ぶ機会があり、私の子育ては大きく変わりました。この選択理論心理学は、簡単に説明すると「私たちはその時最善と思う行動を自ら選択している」と考えることです。

子どもがまだ小さいとき、塾の生徒のお母さんに対して、「そんなに肩肘張らなくても子どもは育つのに。そんな風に肩入れしないほうがいいのに。なんでそんなに頑張っちゃってるんだろう？」と正直よく思っていました。自分が理想とするわが子への関わり方とかけ離れた接し方をするお母さんの多さに驚いていましたし、なぜそんな風に誰が見ても逆効果であろう関わり方をするのかが理解できませんでした。

ただ、いざ自分の子どもが年中さん、年長さんになってくると、私も生徒のお母さんと同じような状態になっていました。朝、幼稚園に向けて家を出発するときに「早くしなさい！」と毎日怒鳴り、全然寝ないときには頭に血がのぼって腕をグッとつかんでしまったり、前を向いて座って大きな返事ができないときには無理矢理返事をさせようとしたり、なにかとヤキモキしていました。

実際に子どもを育ててみてわかるのは、「接するのがわが子なのかわが子ではないかで全く状況が異なり、母親はわが子への愛が大きすぎるがゆえに捉え方や方向性がおかしくなってしまうのでは」ということです。でも、自分自身がおかしくなっていることもわかっていて、反省しながらも、なぜかその自分を自分でコントロールできないのです。生徒には全くイライラしないのに、わが子に対しては5秒でブチ切れる、そんな日々が続き、毎日「今日も怒りすぎてしまった。わが子にイライラをぶつけてしまった」と罪悪感を抱いていました。

そんなところに「選択理論心理学」と出会い、頭をぶったたかれたような衝撃を受けました。そこでは、「わが子に○○させよう、わが子を思い通りに動かそう」

と思って接することを「外的コントロール」と言い、「外的コントロールは全く有効ではなく、決して人に使ってはいけない。使った場合には人間関係が破壊されてしまう」ということを教わったのです。

初めにそれを聞いたときには全部をわかりきってはいないものの、わが子であっても「○○させよう」という感情は持たないほうがいいんだ、と肝に銘じて帰ることになりました。

そこから半年ほどかけて、さらに選択理論心理学への学びを深めることで、わが子に対して瞬間湯沸かし器のようにイライラして暴言を吐いてしまう自分の状態を観察できるようになり、分析できるようになりました。その中で「人は自分自身の願望によってしか動かない」ということがより理解でき、わが子を自分の思い通りにしようという考えはなくなっていきました。

「これは私だけが独占してはもったいないな〜」ということで、他のお母さんも巻きこんで選択理論心理学について一緒に学んでいったのですが、次の3つの言葉があると、その心理学の真髄が理解しやすいように感じたのでここで皆さんとシェアしたいと思います。

それは「ツイてる」「私はわが子の宇宙一の理解者である」「感謝」というものです。この「ツイてる」は実業家の斎藤一人さんの言葉なのですが、どんなときにも「ツイてる！」と言うようにすると、自分がどんな状況であっても、その状況の中でのプラスの面に目を向けられる、というものです。例えば、子どもが食べ物やお皿を落としてしまったとしても「ツイてる！」という思考であれば、「うわ、片付けないと。最悪」ではなく、「お皿がプラスチックで割れなくてよかった！　ラッキー！」と思うことができます。

「私はわが子の宇宙一の理解者である」は先ほどからお伝えしている「目標達成の技術」と「選択理論心理学」の研修を受けさせていただいているアチーブメントの青木仁志社長の言葉です。この言葉を聞いたとき、愛情の深さ、寛容さが胸に突き刺さりました。急いでいるときにどうしても靴下をはかない息子に対してイライラしていましたが、「私が宇宙一の理解者であるならばどんな態度をとるんだろう？」と考えることができます。

そして「感謝」はどこでも大事だとされる言葉ですが、やはりこれも青木仁志社長のお話を直接聞いたときに、何よりも重く、深く心に響きました。イライラすることは山ほどありますが、何よりもまず「私のもとに生まれてきてくれてありがとう」「今日も生きていてくれてありがとう」という気持ちに立ち返ることができると、どんなことがあっても感謝の気持ちを持てます。

そんな風に、日々使う言葉を変え、起きた事象については、悪い面ではなく良い面を見るようになって、イライラすることが格段に少なくなりました。もちろん、心理学を必死に学んで生活の中で使っているとは知らない息子たちですが、私があーだこーだとうるさく言わないことで、穏やかに過ごせる日が多くなりました。何かを学ぶことが自分の心持ちを大きく変えることなど予想もしていませんでしたが、学んで本当によかったと思っています。

わが子へのイライラは自分へのイライラ

すみません、もう少し親が子に抱くイライラについてお話しさせてください。わが子に対してイライラしてしまうことを分析してみると、子どもにイライラしているわけではなく、実は自分にイライラしていて、イライラしているときにイヤなことがあるともっとイライラする、ということがわかりました。

例えば、幼稚園に行く前にイライラしてしまうのは、私の場合であれば、

・そもそも起きたのが遅く、その時間まで子どもと一緒に寝ていた自分に罪悪感を抱いている

・子ども自身のペースだと全くもって間に合わない

・もっと早く起きれば問題なかったのにこのままでは遅刻してしまうという、「母親である自分が起きられなかったこと」にすでに申し訳なさ、悔しさを感じている上に「自分の思い通りに子どもが動かないこと」にもどかしさを感じていることが原因です。

これをまず、自分自身が早く起きて、自分の朝の準備も済ませ、朝ごはんをすぐに食べ始められる状況が整ったところに、時間に余裕をもってわが子が起きてきたとしたら、ストレス度合いはまるで違うと思いませんか？

他に、部屋が汚いとイライラします。それはなぜかというと、私がものを捨てたり、部屋を片付けることに対して苦手意識があり、わが子が片付けない状況を目の当たりにすると、「片付けが苦手な私が育てているから、片付けのできない人間に育ってしまったのだ。私がいけないんだ」と思ってしまうからです。勝手に自分の性格と自分の子育てを否定する気持ちになって悲しくなり、イライラが爆発してしまうのです。

また、長男が宿題をやらないことに関しても、「私が仕事をしていて宿題をみてあげられる時間がないから宿題をしないのだ。宿題もできないで勉強ができるようになるわけがない。もうダメだ」と思っているからイライラする、ということが言語化できました。宿題をしないことに対してイライラしていたのではなく、実は、「自分が働いていることへの罪悪感」だったのです。

それがわかるようになると、「私が働いていることは子どもたちに背中を見せるためにもとても重要だし、それと宿題をしないことは何も関係がない。息子が宿題をしたがらないのは完全に個性であって、宿題をしないくらいでガミガミ言ってイライラ過ごすのはもったいない」と思えるようになり、たとえ宿題をしなくても全くイライラしませんし、最近は「テストのために勉強しよう！」と自ら勉強しようとする時もあり、とっても頼もしくなったなと思うこともあります。

このように、人はすべて自分の写し鏡で、自分がコンプレックスに思っていることを突かれるからこそイライラしているのです。そして、自分が全くイライラしていない、むしろルンルン気分のタイミングであれば、普段だとイライラするようなことがイライラしなかったりしますよね？

つまり、イライラの原因は根本から解消でき、そして、なるべくお母さん自身が超ハッピーな状態を維持していられたら、子どもにイライラすることが減らせる、ということです。

子どもを東大に入れさせることはできない

本書を手にとられている皆さんの多くは、本のカバーにある「東大卒」という言葉に惹かれた方、つまり、「子どもを東大に入れたい」と思われている方だと思います。そんな皆さんに対してこのようなことをお伝えするのは、心苦しいのですが、はっきりとここで言わせていただきます！

子どもを親の力や考えで東大に入れさせることはできません！

「東大卒」を謳った本書の中でこのようなことを言うのは元も子もないのですが、このことはきちんとお伝えしたいと思います。

親御さんたちがいくら「東大に通わせること」を目指し東大合格に向けて、あれこれと子どもにやってあげたとしても、「東大に入れたい」という願いは必ず叶うというわけではないのです。子ども自身が「東大に入りたい」と思ったとしたら、東大に入れるかもしれない　ということになります。

「馬を水飲み場に連れていくことはできても、水を飲ませることはできない」ということわざがあるように、親は子どもをサポートすることはできても、結局やるかやらないかは本人次第なのです。実際に勉強するのは子ども自身です。その子自身が心から望んでいないとその子は力を発揮させることはできません。

そこで「親は何ができるのか？」との疑問が生じてきますが、それは、「子どものやりたいことを阻害しない」ということに尽きると思います。

人間は全員、泣くことしかできない赤ちゃんの状態で生まれてきます。そこから、寝返りができるようになり、ずりばい・ハイハイができるようになり、伝え歩きができるようになり、一人で歩くことができるようになり……という具合にできることが少しずつ増えていきます。できることが一つ増えると、それを何度も何度も練習する。こうやって、新しいことを習得していくようになります。人は本来「できる」ようになることが大好きなのです。

なので、元々やりたいことがない人はいなくて、そのあとの親や先生たちなどの周囲の人たちとの関わり方によって「自分にはこれはできない」「自分にはわからない、自分には関係ない」「自分にはやりたいことはない」という思い込みがつくられていきます。

そういった思い込みがつくられないように、子どもがやりたいことを親や周りの大人が邪魔することなく聞いてあげて、たまたまそのやりたいことの中に勉強があり、学ぶ意欲が高いと思うことがあれば、その子が東大に行きたくなる可能性が高い、ということになるのかな、と思います。

また、もし子どもが「東大に行きたい」という希望を持ったとしても、どこまで親が介入すればよいのか、それを判断することはとても難しいと思います。

ここで私自身の話をさせてください。本気で東大に入りたいと思うようになったのは高校2年生のときでした。もちろん、父にも母にもその意思は伝えました。ただ、幸いなことに、私の父と母は東大合格に向けて、「〜をしなさい」「〜がよいらしい」などと監視したり管理したり、アドバイスをする、といったことはありませんでした。「え、全くなかったの？」と思われてしまうかもしれませんが、本当に、全くといってよいほど、勉強に関する助言はありませんでした。

基本的には「放任主義」の家庭でしたし、さらに父は経営する塾の運営などで忙しくなかなか家におらず、娘の私に対して、何かアドバイスをするという時間がなかったということもあったと思います。それでも、母から私の様子を聞いて、心配になると時折励ましの手紙をくれました。母は受験勉強のことは門外漢だから何も言わなかった、ということもあったとは思うのですが、「のんちゃんならできるよ！」という応援、支援は常にたくさんしてくれました。

父と母がこのような感じでしたので、私は自分で何から何まで決めて、やって、東大合格を目指すということしかできませんでした。ただ、具体的な勉強については私が最後まで責任を持つ、ということをやっていたからこそ、自分の頭をフル回転させて「どうしたらいいか？」を考え抜くことができるようになっていました。

もし、「東大に入る」ということが自発的なものではなく、親や周囲の大人などから押し付けられていたとしたら、そこまでやる気が湧かなかったと思いますし、仮に東大合格に向けて勉強したとしても、面白くなかったと思います。

全くアドバイスしなかった父母ですが、最後まで私を信じ、見守っていてくれた父と母の子育ては大成功だったよ、と感謝を伝えたいです。

＊＊＊

この章では3人の息子のママとして毎日の生活を送る中での悩み、そして悩みを通じて得た気付きについてお話ししてきました。とにかく人に負けたくないという気持ちで勉強を頑張ってきたあの頃の私からしてみれば、やっと人並みに成長できたのかなと思っています。

ただ、すでにお伝えしたように、必死に勉強をしてきた時間は決して無駄になっていません。実際、経営している学習塾では私が経験してきたことをお子さんや親御さんたちにお話しし、それが役に立っているかはわかりませんが、少なくともなにかしらの励みになっているのではないかと感じています。

大学に入って勉強については燃え尽きてしまったのですが、目の前の課題を必ず解決したい、よりよく解決したい、そのために学びたいという気持ちはすごく強いなと感じています。そういった意味では私は学ぶことが大好きなのだろうなと思います。その気持ちは自分のやりたいことが年々明確になるにつれてますます強くなっています。東大合格を支えてくれた私の「負けず嫌い」や「よりよくなりたい。そのために学びたい」という姿勢は人生のお守りなのかなと思っています。

それでは最後の章に入っていきますね。次は今も、そしてこれからも大事にしていきたい「哲学」を紹介します。

第6章

東大卒ママの子育て哲学

シッターさん（写真左奥）は育児の最強の味方

超放任主義＋「愛」

私自身の家がそうであったように、わが家の子育ても基本的には「超放任主義」です。しかも、ただの「放任」ではなく、「超」がつくほどの放任主義です。実際、私が運営している塾の生徒さんたちのご家庭と比べても「息子たちをこんなに放っておいて大丈夫だろうか」と思うほど、何もしていません。

勉強をやらせようという気持ちもありませんし、宿題をやる、やらないを決めるのも本人たちに委ねています。また、文房具などの持ち物を選ぶのも、学校に出発する時間も、着ていく服も息子たちが自分自身で選択しています。こんな「超放任主義」の子育てを続けていますので、「中村君のおうちは大丈夫かしら……」と学校の担任の先生は少し心配になられていると思います（先生、すみません……汗）。

ただ、本当に何もせず、ほったらかしというわけでは決してありません。「超放任主義」を貫くにあたり、私はそこに「愛」が不可欠だと思っています。はい、「愛」が必要なんです。

そこでわれわれ夫婦が毎日欠かさずにやっているのは、とてつもない多くの愛情を子どもたちに伝えることとです。具体的に言うと、毎朝、息子たちをハグをしながら「おはよう〜。今日も大好きだよ」と声をかけながら起こします（めちゃくちゃ顔をくっつけます）。そして息子たちを抱っこやおんぶをして、３階の寝室から２階のリビングに連れていきます。これらは習慣化されて朝の「儀式」になっています。もし子どもが私よりも早く起きて、勝手に２階に降りていたら、「おはよう〜！今日もかわいいね、かっこいいね」と言いながらハグします。

夜は塾の仕事の関係で帰りが遅くて息子たちに会えないときもあるのですが、一緒に寝られるときには、「今日もありがとう。ママはりゅう、はる、しほう（息子たちの名前です）のママで幸せだよ。りゅうとはるとしほうはパパとママの宝物だし、この国の、この世界の宝物だよ。大好きだよ」と必ず伝えることにしています。

私も夫も仕事が大好きですし、夫婦で過ごす時間も大事にしているので、子どもと過ごす時間がそう多くありません。他のご家庭の様子を見聞きしている限り、子どもと一緒にいる時間は少ないなと感じています。家族５人全員が集まるのは水曜日の夕方以降と日曜日くらい。そして、ママの私とゆっくりいるのも水曜日と土日くらいです。それ以外の平日は授業や仕事の合間に、タイミングが合えば顔を合わせる程度です。

よかれと思って自由にさせてあげていること（超放任主義）が子どもたちにとっては、その名の通り、「放任」されているだけの状態になってはいけません。他の家のお父さんやお母さんと違って、僕たちはかまってもらえていないなどと寂しさを感じさせてしまっては、それは放任主義ではなく、子育てを放棄しているのと同じことです。

なんでも自由にやっていい、それが許されている家。そして家族皆で揃う時間があまりない家。それでも、親から大事にされているということが身をもってわかる状態にしたい。だからこそ、スキンシップや言葉で愛情をいっぱいいっぱい表現して、「私はパパとママに愛されているんだ」という実感を持てるようにしています。

最近、子どもたちと触れ合っていないなと感じられた方、まずはお出かけのときに手をつなぐということから始めてみませんか？

怒らない環境をつくる

長男を産んでからずっと意識していることがあります。それは、「親が怒らなくて済む環境をつくる」ということです。

長男が生まれてくる少し前あたりから、子どもの脳科学の本や教育についての本を読むことが多くなりました。本を読む中で、「やはりあれこれと口出しせずに子どもを見守ってあげられる親になりたいな、それが子どもの考える力を伸ばすことにもつながるんだろうな」という思いがはっきりとしてきました。「やはり」と言ったのは、私自身が育ってきた環境を思い返してみると、家族に怒られたという経験があまりなかったからです。「ダメ！」と子どものやりたいことを阻害することが子どもの主体性を伸ばす上で一番よくないと、自分の経験からおぼろげながらに感じてきたことを本で答え合わせできたようでした。

なのでいざ長男が生まれて、子育てをするというときに、子どもに触ってほしくないものは触れる位置に置かない、開けてほしくないところは開かないようにロックをかける、行ってほしくないところにはゲートを設置するなど、私が怒ることがない状態、つまり、子どもが「何をしてもいい状態」をつくるための環境づくりに力を入れました。

長男が2歳くらいの頃のことです。私が自宅で仕事をしていると「ママ〜」と近づいてきて、仕事どころではなくなってしまうことがよくありました。長男に静かにしていてもらうために Amazon Prime Video や YouTube などでアニメを見せていたのですが、自我がはっきりとする中で次第にずーっと見ていたい、とタブレットを手放さない状態になってしまったのです。タブレットを返してね、と言っても、聞かないフリ。もうここまでくると「中毒」というほどでした。私がイライラしないように、怒ることがないようにと長男に与えたタブレットが今度はイライラ、怒りの原因になってしまったのです。その一方で、家で仕事に集中したかったので、動画チャンネルの存在に助けられているという状態でもありました。

ただ、これ以上中毒になってしまうのは本当にマズいと思いましたし、私も怒るということはしたくなかったので、子どもが「何をしてもいい状態」にするための策を考えることにしました。そこで長男と話し合い、当時長男が面白そうだからやりたいと言っていたベネッセコーポレーションの「こどもちゃれんじ」を始めることに（このことについてはこの後の項でもう少し詳しく触れます）。それと引き換えにYouTubeとAmazon Prime Videoを卒業してもらうことにしました。

親の都合で物などを与えて、親の都合でそれを取り上げるという、かわいそうなことをしたとは思いながらも、息子が長時間動画を見ていると、どうしても「わが子が発育に良くないことをしている」と感じてしまい、イライラが増幅してしまっていました。その根源がなくなったことで、だいぶストレスから解放されました。

何をしていい、何をしてはいけない、という境界を決めて、してはいけないことをしたときに怒るのは完全に大人の都合であって、生まれてきた子どもが知るところではありません。いいわるいの境界がわかるようになってきたらその境界を知ることは大事なことですが、その境界がわかるまでは、子どもがなるべく「やりたいことをやってよい」という状況をつくってあげることで、子どもは「やりたいと思ったことはなんでも素直にやっていいんだ」というスタンスを形成できるように感じます。

3人を育ててきた実体験から考えると、「なんでもやりたいようにやってみる」という姿勢は2歳までにはつくられているように思うので、その姿勢ができてきて、わかるようになってきたら「なんでこれがいけないのか？」ということを伝えていくといいのかな、と思います。

やりたいことを自由にやる環境をつくるには

子どもを育てていると、今まで感じたことのないとても不思議な感覚を覚えることがあります。それは、「この子の未来は私の手にかかっている」というものです。この感覚は息子たちが成長するにつれて芽生えてきた感覚です。

今まで、他の家庭の子を見ていても、自分のことを考えてみても、「子どもは勝手に育つ。だから保護者が気にしすぎることはない」と考えていました。でも、実際に育ててみると「そんなことはない」と気づかされます。

当たり前ですが、子どもは親の住んでいる家に生まれてきます。親が選んだ病院で、親が選んだ出産方法で生まれてきます。どうやって寝るのか？　何を着るのか？　ご飯は何をあげるのか？　幼稚園か保育園どちらがいいのか、どの幼稚園、どこの保育園がいいのか、小学校受験はするのか？　など「わが子にとって最適な環境をつくる」ために親はあらゆることに対して情報を収集し検討しています。

親が用意した環境の中で何を選ぶかは子ども次第ですが、逆に、子どもは親の用意した環境の中でとりうる選択肢しか選ぶことができません。ですので、どんな環境を用意するのかによって子どもが好きになることや、やりたいと思うものは変わります。

長男が成長して2歳になり、自分が用意してあげられる選択肢はそう多くないように感じていましたが、せめて手にとるおもちゃくらいは「やりたいことを自由にできる」という環境をつくりたかったので、子どもの手の届くくらいの高さのニトリのワイドのカラーボックスを2つ並べ、その時々で息子が気に入りそうなおもちゃを置くようにしていました。また、答えのない創造性豊かな遊びをしてもらいたい、と思っていたので、長男が1歳になる前後は、いたずらボックスや積み木、マグナタイル、レゴデュプロ、木琴などを置いていました。それ以降は自由にお絵かきができるようにコピー用紙と色鉛筆を置いたり、折り紙を置いたり、カプラを増やしたり、そのときそのときに合わせて子どもが気に入って手にとるものを設置していました。今は絵本や本、漫画も子どもの成長に合わせて、手の届くところに本棚を設置して自由に手にとれるようにしています。

「どんな人に育ってほしいか」という長期的な見通しも大事だと思いますし、逆に「今、わが子が何で遊んでいたら親の私は嬉しいと思うのか?」「なぜそれを嬉しいと思うのか?」を考えると、自分の子育てに対する隠れたこだわりを見つけられるかもしれません。子どもは親の思い通りにはなりませんが、それを理解した上で「わが子がこんな風になってくれたらうれしい」というビジョンを持ち、それが達成されやすくなる環境をつくることはとても大切です。自分がつくる環境が「子どもにとって最高の環境」になったらこんなに嬉しいことはないですね。

とにかく人を呼びまくる

私は昔から人を家に呼ぶことが大好きです。結婚しても妊娠しても、子どもが生まれても変わらずに定期的に友だちを呼んでいます。家に人がいないと寂しくなって誰かを呼びたくなるくらい人といることが好きなので、仕事で忙しくなるまではほぼ毎週、忙しくなっても月に1回は友人を呼ぶようにしていました。大学時代のサークルで一緒だった友人だったり、小学校からの幼なじみだったり、高校の友だちだったり、新卒で入社した会社の同期だったり……本当にさまざまです。

子どもが話せるようになるまでは、言葉でのコミュニケーションがとれないので、誰かと話したい欲は満たされませんし、子どもが成長して話すことができるようになっても、自分の思い通りにならないことが多すぎてイライラしてしまうこともあります。私は人好きな上に、話をしたり、聞いたりすることも好きなので、誰とも話さないことでストレスがたまることもたびたびありました。

そんなときに友だちに家に来てもらって、話し相手になってもらったり、子どもを見ていてもらったり遊んでもらったり、夕飯をつくってもらったり、買い出しをしてきてもらったり、本当にたくさん助けてもらいました。素敵な友だちを持った私は幸せだなあと改めてつくづく感じたものです（本当にありがとう！）。おそらく、私と同じようなことを感じ、考え、行動している世の中のお母さんたちも多いと思います。

また、塾の経営を始めるようになった頃からは、生徒たちが当たり前のようにわが家にやって来て、リビングで勉強をして、息子のオムツを替えてくれたり、ご飯を食べさせてくれましたし、ときどき、生徒のお母さんが好意で息子たちを見ていてくれることもありました。

息子たちは小さいときから家族以外の人が家にいることが当たり前に育ったため、人見知りすることはありません。わが家には「人見知り」というものは存在しないのです。

長男と次男が3歳と1歳くらいになると、本当にやんちゃでしたので、体力も気力も十分な大学生のシッターさんに来てもらうようになったので、文字通り、老若男女がわが家にやって来るという環境で、余計に「人の手を借りてチームで育児する」というスタイルになりました。

なので、私は「わが子を自分だけで育てている、夫婦で育てている」という感覚はほとんどありませんし、実際に一緒にいる時間も短く、幼稚園の先生、小学校の先生、習いごとの先生、近くに住んでいる私の姉、大学生シッターさんなどのたくさんの人に手伝ってもらいながらみんなで子育てをしています。

負担を分担させてもらっているので育児や家事のストレスから常に解放された状態で過ごせていて、やりがいのある仕事にも思いっきり打ち込ませてもらって、なんて幸せなのだろうと感謝の想いは尽きません。

常に私は私のやりたいことをする

私は自由奔放がある程度許されるという環境の中で育ってきましたので、大人になった今でも基本的にわがままです。大人になると少しは収まるかなと思っていましたが、治らなかったですね。さらに「自分がやりたいことをしていて楽しい状態でいる」ということが自分の人生で何よりも大事だと思っています。こうした私の基本的な性格や考え方は子どもが生まれてからも変わらないことです。

親が「やりたいことをやる」ことを大切にしていることが、子どもにとってそれが良いかどうかはさておき、私の場合、授乳中は布団に寝転んでおっぱいをあげながら漫画を読んだり、クッションの位置を調整して手ぶらで授乳できるようにした状態で髪を乾かしたり、スマホを見たり、パソコンの作業をしたり、オンラインの会議に出たり、ご飯を食べたり、セルフネイルをしたり、授業をしたり、面談をしたりしていました。

また、子どもが靴を履いているたった数秒、数分でもスマホでできる仕事を進めたり、子どもが公園で友だちと遊んでいるのを横目に見ながら塾の生徒の保護者と電話をしたり調べものをしたり、トイレの中で漫画を読んだりもします。

本書でも少しお話ししましたが、小学生くらいの時から、基本的に同時にできることは同時にやりたい、という欲求が強く、常に「どれくらいのことを同時並行できるのか」のゲームに挑戦している感覚で生きてきましたし、子育てもそうしてきました。

何もしないでいると人生の貴重な時間を無駄にしていてすごくもったいないこと

をしている気分になってくるので、子どもが靴を履くときも手伝ったりはせずにメールを返すなどの短時間でできる仕事をやったりしています。そうすると、「早くしなさい！」と言ってイライラしながら待つ、ということもありませんし、子どもも自分のペースで自力でやり切ることができるのでおすすめです。

「子どもがいる」ということを理由に、仕事ができなかったり、趣味が制限されたり、「やりたいことができない」という感覚になることは大いにあると思います。私もありました。

ただ実際には、「物理的に不可能である」というよりも「子どもがいると相手に迷惑なのではないか」「子どもの預け先がない」「子どもを預けるためのお金がない」「自分にはできないのではないか」「自分にはその価値がないのではないか」「子育てを差し置いてまでやらなくてよいのではないか」という精神的なハードルが大きいのではないかと思います。

塾を始めるときには家の外に看板を出すのもすごく緊張して「近所の人に笑われるんじゃないか」とか「赤ちゃんがいる人に勉強の指導をお願いしようなんて思う

人はいないんじゃないか」とか思っていましたし、子どもを誰かに預けるなんて育児放棄しているんじゃないかと感じて預けることをためらっていました。お金を払って子どもを預けるほど稼げていませんでしたし、まずは子どもがいながらでも稼ごう、と思っていました。シッターさんに来てもらうようになってからは、「1円たりとも無駄にしないように、1分1秒精一杯仕事しよう」と思うようになりました。でも、これらの行動を積み重ねていくうちに、初めは「うわ」と思っていたことも徐々に金銭的、精神的なハードルが下がっていきました。

宅建の勉強をするために夫に子どもを預けてカフェに行って勉強し、「私には時間をもらって勉強させてもらう価値があるんだ」と実感できました。すると「もっと学びたい」という意欲が上がり、「セミナーや研修にもっと行きたい」という気持ちが大きくなり、お金を出して子どもを預けることもできるようになりました。そこから「学ぶためにパパやママがお出かけする」ということが当たり前になり、今ではシッターさんや姉にサポートをしてもらって、研修を受けに行ったり旅行に行ったりするために夫婦で外出することもできるようになりました。

本当にありがたいことに、子どもたちは「いってらっしゃい！」と気持ちよく送り出してくれます。

このやり方、このライフスタイルがいい、ということを言いたいわけではありません。

子育てに全力投球してそれを楽しむことも最高に素敵だな、とも思います。ただ、私は自分のキャリア形成にも相当時間を割かないとフラストレーションがたまるのでこのやり方を選べて幸せだと感じています。

大事なことは、自分でやりたいことを明確にして、そのために今この選択ができていて自分は幸せだ！　と感じること。そして親が、自分のやりたいことを実現するために考えて行動する背中を見せ続けることなのではないでしょうか。

見守るときは近づきすぎない

子どもと一緒に公園に行くときは、一緒に遊ぶこともありますが、ママがいないと遊べない、という風になってほしくないので、基本的には見守ることにしています。そして見守るときには、子どもたちにはなるべく近づきすぎないようにしています。

三男が3歳のときのことです。長野の実家に帰省していて、「公園で遊ぼう」ということで、皆で近くの大きな公園に行きました。その公園には、山の斜面をボルダリングのように登れる場所があり、三男をそこで遊ばせていました。いつものように遊ぶ三男に近づきすぎないようにと、少し離れた場所にいました。「このくらいの距離でいよう」と思って見ていたのですが、その距離感に自分は信念をもっていることに気が付きました。

ボルダリングのような遊びはやったことがなかったので、登るのに少し苦労していたのですが、しばらくの間、三男を見ていました。三男のすぐそばにいて、お尻や足を支えてあげて登ることを手伝ってあげたり、落ちそうになる前にすぐに手を差し伸べてあげたりすることもできたのですが、私は何かあったときにダッシュしてやっと助けられるくらいの距離にいました。なぜかというと、自分ひとりでやることの自由と責任を感じてもらいたいからです。

もし私がすぐ近くにいたり、体を支えてしまうと、無意識のうちに私の手を頼って、登るためにある突起物（ホールド、と呼ぶそうです）をつかむ手の力を緩めてしまったり、あまり考えることなく足を適当な場所に置いてしまっていたかと思います。私が子どもの立場だったら、「困ったらママが助けてくれる」「最後はママが登るのを手伝ってくれるかもしれない」と絶対に油断してしまうと思うのです。一瞬一瞬に集中して手の位置、足の位置を考え、慎重に体を動かし、自分の力で登りきり、その達成感を味わってもらいたい、そう思って私は離れたところから三男が懸命に体を動かすのを見ていたのでした。私は内心ヒヤヒヤしながらも、息子は頂上まで登り切り、とっても嬉しそうな顔をしていました。

ただ、子どもがやることがいつも成功するとは限りません。やはり失敗してしまうこともあります。子どもを見守るといっても、長男、次男、三男で慎重さ、どんなチャレンジをするか、身体の重心、身のこなしも全く異なるので、それぞれに合った見守り方を親は模索する必要があると思っています。また、子どものことを一番知っているであろう親でも、「見守り方」を見誤るときもあります。

特に三男は上の2人のお兄ちゃんを見ていて、「自分もできる！」と思ってチャレンジするので、その分失敗も多くあります。だいぶ高いところから2回落ちて、2回とも救急病院のお世話にもなっています。

そんなときには「親として見誤ってしまった。もっと気を付けなくては」と大反省するのですが、かといって先回りして失敗させないのも、本人の思考力、判断力、精神力、危機回避能力を奪ってしまうことになっていたでしょう。なので、「死なないで本当に良かった！　きっとこれで高いところに登ることに対してはだいぶ慎重になるだろう、学べただろう」と思って切り替えつつ、どこまで静観するかの境界を、親の私のほうで更新します。致命傷を負わせないようにしつつも、自分の責任の下でチャレンジして成功や失敗を積み重ねないと学ぶことはできないので、その距離感を常に考えて接するようにしています。

また、大きなチャレンジでなく、日々の小さなチャレンジについても、近くで口出しはなるべくせず、横目で観察します。小さな挑戦の中にたくさんの学びがつまっているので、なるべくそれに自分で気づかせてあげたいと思っています。

例えば、

ドーナツを3人で食べるときに何を使ってどう切るのか？

靴ひもを結ぶときどう結ぶのか？

お皿を積み重ねて運びたいとき、どう重ねれば安定するのか？

チャックをしめるときにどうしたらうまく上がるのか？

お皿洗いはどう分担したらスムーズにできるのか？

お皿を食洗機に入れるときどうしたら隙間なく入るのか？

大人が手を貸してしまえば一瞬で解決してしまいますが、子どもにとっては自分の頭で考えるチャンス。一つひとつのチャレンジでたくさん頭を使って、自分の頭で考えて解決することを楽しんでもらいたいな、と思います。

子どもが好きなものに親もハマる

子どもは成長すると、自分で好きなもの、やりたいことを見つけるようになってきます。親は、子どもがやりたいと思うものに対して「なんでそれが好きなのか？」

「それはやめたほうがいいんじゃない?」と思ってしまうこともあります。

わが家では基本的にはYouTube、Amazon Prime Videoを見ないようにしているのと、流行りに乗るのがあまり好きではありません。世間的に流行っている歌やアニメなどとは、距離を置いていました。そんな感じの家だったのですが、2024年の夏、私の父が息子を含む孫全員に本を買ってくれる機会があり、そこで姪が『鬼滅の刃』の漫画本を選んだことでわが家でも遅ればせながら、「鬼滅ブーム」が到来したのです(だいぶ遅いですが。笑)。

それまでは世間の大ブームを尻目に、「鬼が出てくるんでしょ? あんまり精神衛生上よくないんじゃない? 息子たちには読ませたくない」と思っていました。そんなところ、祖父(私の父)がプレゼントしてくれた『鬼滅の刃』にまずは長男が「面白い!」とドハマりしてしまったのです。長男の影響を受けて、次男と三男も「見たい!」ということになり、漫画だとストーリーがいまいちわからない(文字がまだ読めない)ということで、夏休みにアニメ放送を見始めることにしました。

仕方なしに第1話を息子たちと見始めたのですが、1話めにして私が大号泣。主人公の竈門炭治郎《かまどたんじろう》に降りかかった試練の大きさに、「世の中の人はこんなに壮絶な物語を見ていたのか！」と衝撃を受けました。そこから息子たちはアニメにドハマりしました。私は塾の夏期講習中だったのでアニメを一緒に見ることはできなかったのですが、講習が休みになったお盆の期間に漫画で追随しました。

もともと、何かにハマって読み始めると止まらないタイプなので、それこそ家にいる時間はトイレにいるときもお風呂に入るときも歩くときもずーっと「鬼滅」と一緒、という感じでした。ブックオフで途中まで（姪が）まとめ買いをしていたのですが、お盆休みに入って3日後の帰省のときにはもちろんそこまで読み切っていたので、帰省した先のブックオフでその先をゲット（息子が九九を最後まで覚えていなかったので、「最後まで覚えたら買ってあげる！」ということにして、ついでに息子に九九をマスターさせることに成功）。

長野の実家に帰省中も、夕飯の準備を爆速で済ましてそれ以外は「鬼滅」。出かける前もギリギリまで「鬼滅」。ついに父に「そろそろやめなさいよ」と言われてバトル開始。「13時に出発でしょ？　それに間に合うように準備できてるんだからいいでしょ？」と反論するも、「息子たちの準備の手伝いもあるんだからそろそろやめなさい！」と言われてしぶしぶ中断。「ああ、23巻のクライマックス、あと少しで決着がついたのに……。あと10分あれば読み終わるのに……」というありさまでした（笑）。出かけている間も隙間隙間でついに読了。

こんな風に、生活の隙間時間のほぼすべてを「鬼滅」に注ぐ姿に夫も息子も若干引く、という結末でした。しかし、読まず嫌いだった『鬼滅の刃』という物語がいかに素晴らしいかも理解できましたし、大ブームを巻き起こした理由もわかりました。また、ストーリーを通じてマネジメントについて学びを深めることもできました。そして、ずーっと漫画を読み続ける長男の気持ち、それを親に遮られるときの気持ち、どういうときに切り上げたいか、という心境も体感できたので、どう接すればよいのかわかりました。

『鬼滅の刃』の次のブームは何だろう？　いま、少しワクワクしています。漫画であっても、アニメであっても、ゲームであっても、YouTubeであっても、子どもとともにドハマりするものを見つけてください。一緒にやることで、それについて親子で意見を交換することができます。子どもがどんな面でその漫画やアニメが好きなのかを知ることで子どもの人間性をより理解することができたり、子どもの表現力を育てることもできます。そして同じ漫画やアニメが好きな人とも共通言語ができて仲良くなるきっかけにもなりますし、今流行っているものを親もやってみることでそれが好きな人の心境もわかります。思った以上に、一緒にやってみる、ハマってみることで得られるものが多くありました。

私は昔からゲームが下手で嫌いなのですが、ゲームが嫌いな人の言う「ゲームはやめておきなさい」と、ゲームが大好きな人の言う「ゲームはやめておきなさい」は意味合いも重さも違います。そして、ゲームというものに対する理解も違います。

親と子は違う時代を生きていくので、親の考えが正解なわけでは決してありません。まずは親もやってみて、その良さも怖さもわかったうえで、子どもがそれらとどのように向き合いたいのか、親である自分たちは子どもにそれらとどのように向き合ってもらいたいのかを考えて対話できると、子どもたちともよりよい関係が築け、それらの良い面を享受できるのかな、と思います。

親のありのままを見せる

子どもたちに大きくかっこいい背中を見せたい。

そんな風に常日頃から思っていますが、一方で、必死になっている姿、ダメダメな姿、失敗する姿など、かっこよくない姿も子どもたちにどんどん見せていきたいと思っています。

自分が育ってきた環境や、子どもたちが育つ環境を考えてみます。そこには勉強をしたり、スポーツに取り組んだりする中で、正解と不正解があり、勝ちと負けが必ずあります。すると、どうしても、うまい人が褒められたり、勝った人がすごいと言われたりして、「正解することが良いこと」であるとか「上手いことが良いこと」「勝つことが良いこと」という価値観が醸成されるように思います。その一方で、同時に「負けることが恥ずかしいこと」「間違えてはいけない」「失敗すると後がない」という価値観も生まれてしまっているように思います。

学校に入ると「テストで高得点をとること」「かけっこで1番になること」をは

じめとして、「東大合格」、そして社会に出ると「有名であること」「お金持ちであること」「売上が大きいこと」「一流企業に入社すること」などの、目で見てわかりやすい「成功」がすごいこととして注目されますし、それに対して「かっこいい」と憧れる気持ちも当然のものだと思います。私もかつては「かっこいい」という気持ちから「東大合格」を目指していたのですから。

その「成功者」を外から見ているだけでは、当然、目に見える形になっている「成功」の部分しか見えないので、その人に対して、「きっと今まで全てうまくいってきたんだろう」と思ってしまうことが多いように思います。しかし、実際にはそんなことはありえません。

私は東大に入学できましたが、現役時代には落ちていますし、東大の英語の入試問題は量が多すぎて全ての問題を解くことは私にはできませんでした。国語もなかなか東大入試の直前まで点数が伸びず悩んでいたり、周りの友だちが自分よりも成績が良いことを知ると「自分はなんてダメなんだろう」と落ち込んだり、細かいところで見ていくと、成功よりも失敗のほうが多いのではないか、というほどです。

現在「成功者」と言われているような人たちは皆、そこにたどり着くまでの過程には、人からは見えないいくつもの失敗があって、たくさん遠回りもして、それらを一つずつ乗り越えてやっとたどり着けたのだと思うのです。

何かに挑戦しようとすると、必ず途中で壁にぶち当たります。それは失敗とされてしまいます。失敗はしたくない、誰もがそう思いますよね。でもその失敗を失敗だと認識できるのは挑戦したから。だから、失敗はダメなものではなく、挑戦の副産物です。何かを始めようとするとき、必ずくっついてくるのが失敗なんです。

だから子どもたちには、失敗をしないために挑戦を避けるなんてことは絶対にしてもらいたくない。むしろ失敗を恐れずにどんどん挑戦してほしいのです。

ここで私は「子どもたちには」と書きましたが、大人になっても全く変わらないと思います。子どもが失敗を恐れずにどんどん挑戦するためには、大人がその背中を見せていくことが必要ですよね。でも、大人の場合には少し厄介です。大人は子どもよりも生きている時間が長く、その過程で「自分がすでにできることだけして日々生きていけば楽に生きられる」「挑戦をしなければミスをすることもない。自分のキャパシティの中で生きていけばよい」という考え方を習得してしまっていることがあるからです。

ただ、そんな挑戦しない、成長しない大人の姿を見せたいか？　答えは否です。何歳になっても、挑戦する限り、失敗はつきものだと思います。東大に入ったとしても、その先で新しいことを始めると課題は出てきますし、塾を経営していても日々新しい課題ややりたいことが生まれます。

だから、私の生活は常にやりたいことで溢れかえっていて、やろうとすればするほどなにか新しい課題が出てきますし、メンタルがやられそうになることもあります。自分のキャパシティを超える量をこなそうとしているので、特に育児・家事においては至らないところだらけです。それでも、これらの自分の至らないところも容赦なく子どもたちに見せています。

こんなにドタバタで、完璧にできないことのほうが多くても、諦めない限りやりたいことは実現できるんだ、そんな背中を見せていきたい。そういった思いを日々胸に秘めているからです。

「ママは片付けが苦手！　だから手伝って！」

「ママは時間通りいくのが苦手！　だから自分で時計を見てほしい」

「ママ寝坊しちゃった！　ごめん！」

「ママ、さっき怒りすぎちゃった！　ごめんなさい」

「ママ、昨日漫画読みすぎてしまったの！　だからめちゃ眠い」

「ママ、昨日朝まで仕事してた！　寝かせて！」

ちなみに、「失敗をしてよい」とは思っていません。実現させたいことは絶対に失敗したくない。絶対に成功させたい。そして、「ダメなママであってもいい」とも思っていません。学校や幼稚園の先生に迷惑をかけたいわけでもありませんし、育児を軽視したいわけでもありません。

ただ、一番やりたいことを最優先した結果、すべてを完璧にできないこともあります。ミスなく完璧にやることを大事にしすぎて、一番やりたいことをやれないのは違うと思うのです。

「失敗しない」背中ではなく「やりたいことをやる」背中を子どもたちに見せてい

きたいな、と思います。

子どもが楽しめる環境を探す

「趣味は子どもの転園、転校です」と言えるほど、子どもの過ごす、学ぶ環境選びはいろいろと試してきました。

長男が年長さんになるときに私がバイリンガル育児に興味を持ち始めたことをきっかけに日本語の幼稚園から英語の幼稚園に転園したり（このことは次の項でお話しします）、小学2年生のときにインターの小学校に入れてみて4ヵ月で元の公立の小学校に戻したり、次男は年長の最後半年で英語の幼稚園から他の英語の幼稚園に転園させたりしています。都度子どもと相談して、子どもの考えも大事にはしていますが、親がいろいろな選択肢を差し出してきて、試させられて、うちの子は大変だなぁ、それでも付き合ってくれるのは本当にありがたいことだなぁと思います。

どの幼稚園も学校も、ダメなところは一つもなく、ただ、「わが子がより楽しめる」「わが子がより学べる」ところがどこなのかを親として追求していきたい。その一心でいろいろと試しています。

正直、外から見る分には、幼稚園、小学校の良いところしか見えません。直接子どもと接する先生がどんな人なのか、クラスメイトはどんな子か、どんな過ごし方をするのか、その過ごし方、接し方がわが子にとってどんな影響を与えるのか……入ってみないとわからないことがほとんどです。もちろん、転園・転校するたびに発生する入会金や入学金はバカにならない金額になりますし、新しい環境が今の環境よりもより良い保証もないのですが試してみています。

習いごとも同じです。やってみて、子どもがハマればもうけもの、ハマらなければやめる、というスタンスでいろいろと試しています。

長男は「自分の好きなもの」「自分がやりたいこと」がとてもはっきりしていて、周囲の大人たちが提案したものにとりあえず乗る、ということはめったにありません。これまで、英語の塾やオンラインの勉強の塾、オンライン英会話、ダンス、料理教室、工作教室、空手、そして私が運営している塾にいたるまでいろいろと試してきましたが、今のところは工作教室、空手、私の塾が習いごととして続いています（本当は料理教室に行きたかったが満員で入れず）。

次男は負けず嫌いで、なんでも果敢に挑戦するタイプですが、長男ほどとは言わないまでも好き嫌いはあります。ダンスをやってみたり、英語の塾に行ったり、サッカーをやったり、空手をやったりしています。体を動かすことが大好きなので、今はサッカーと空手にハマっています。

幼稚園の年中クラスに通う三男は、末っ子らしく、とりあえずお兄ちゃんたちがやることはなんでもやってみたい、という感じで、次男と一緒にサッカーと空手に通っています。

なにかと小学校や幼稚園のことが中心になってしまうので、習いごとについてはじっくりと考える時間をとれていないのが正直なところです。ただ、これも小学校や幼稚園選びと同じで、外から見ているだけだと現実はなかなかわからないもの。なので、「これ面白いんじゃないかな」と気軽に始めてしまったほうがよいのかなと思っています。そして出会ったものの中で、わが子がより楽しめる、より興味を持てる、より夢中になれることが一つでもあればもうけものですし、それを導いてくれる人に出会えたらそれは人生の宝物だと思うので、これからも子どもと話しながら、たくさんのもの、たくさんの人に出会える機会をつくっていきたいな、と思います。

英語教育に課金してます

幼稚園選びって何かと迷いますよね。その家、夫婦、住んでいる場所、経済状況などによって選ぶ幼稚園はさまざまあります。わが家ではオールイングリッシュのインターナショナル幼稚園という選択をしました。ただ、そのあとは息子たちを公立の小学校に入れています。

長男が生まれたとき、「英語とか話せるようにさせたいよね〜」という気持ちはありつつも、なかなか行動に移すことはできませんでした。Amazon Prime Videoを見せていたときに「英語で見ればいいのでは?」ということも頭をかすめましたが、それすらも実行に至らず。ディズニー英語システムをやっている知り合いがいて検討するも金額に驚き断念……。

その後、英語については特に重視することもなく、家の近くの家族経営のアットホームな幼稚園に入りました。親子ともに友だちもできてとても楽しく通っていました。年中さんになった頃、私自身が宅建の勉強や塾の仕事が忙しくなってしまい、「もう少し息子を預けられる時間を延ばしたい」という気持ちが強くなっていきました。

保育園に入れようか、仕事の時間をやりくりしようかと迷う中で、ちょうどそのとき読んでいた勝間和代さんの本の一節に目がとまりました。「迷うということは、その選択肢の中に本当に望んでいるものはない」といった旨の言葉でした。そこからさらに「子どもの預け先に望んでいるものは何なのか？」と考えていたのですが、今度はインスタグラムで、バイリンガル育児をしている人の考え方に出会い、衝撃を受けます。今までは、息子たちは英語ができたらいいよね、というくらいにしか思っていなかったのですが、その人は「英語は話せて当たり前。英語くらいは親が翼として授けるべき」という認識を持っていたのです。私は「ほお～」と驚くばかりでした。

人やモノから影響を受けやすいタイプの私なので、そこから居ても立ってもいられなくなり、「何とかバイリンガルで育てていくことはできないだろうか」とより真剣に考え始めました。そして、「あ！　預け先で英語が話せるようになればいいんだ！」という結論に至ったわけです。

すぐに周辺の英語の幼稚園をピックアップ。調べたところ、預かりも18時30分までしてくれて、幼児教育・保育無償化で補助金も出るとのことでした。長男が年少さんで幼稚園に入る前の時点では夫はサラリーマン、私も塾を始めたてで、金額的に全く考えもつかなかったことですが、そのときには状況は少し変わっていて、手が届かない金額ではありませんでした。夫に、なぜこのタイミングで長男に英語が必要なのか、英語が話せることでどんなチャンスが開かれるのか、ということを話し、英語の幼稚園に転園させることになりました。

もちろん、途中で転園することになる長男とも何度も話し合いをしました。最終的には「僕は宇宙飛行士になりたいから英語を話せるようになりたい」ということで英語を頑張る決意をしました。長男は年長さんの1年間、日中はずっと英語の環境で過ごし、友だちにも恵まれ、だいぶ英語を話せるようになりました。

2学年差の次男も長男と同時に、年少さんのときから英語の幼稚園に入園して、英語を話すことが当たり前の環境で過ごし、三男も現在英語の幼稚園に通って、だいぶスムーズに英語でお話しするようです（親の前では見せませんが。恥ずかしいんですかね〜）。

「子どもに何を与えるか」——。これは親として永遠に答えが出ないのではと思うほど、とても難しい問題です。塾の生徒を見ていて思うのが、「与えすぎることは決してよい結果にはならないのではないか」ということです。単純に与えることがよいわけでは決してなく、与えたら与えたなりのよさがあり、与えなければ与えないなりのよさがあると思うのです。

例えば、「わかりやすい授業」を与え続けると、生徒は「わかる喜び」を感じることができます。ただ一方で、「わかりにくいことを理解しにいく」という気骨を発揮させることはできません。また、親が1週間のやるべきことを管理してあげたとしたら、子どもは効率よく勉強ができるようになり、おそらく成績が上がります。

でも、自分のやるべきことを自分で決めない癖が身についたままでは、いつまでたっても自分の計画を自分で立てられるようにはなりません。夕飯を親がつくる場合、その間の時間は子どもにとって勉強できる時間になりますが、夕飯を子どもがつくる場合、料理をする力、段取り力などさまざまな力が身につきます。

このように、何かを与えたら他の何かを受け取りづらくなり、何かを与えなければその分他のものを受け取ることができます。その中で、英語を、親が環境を与えてなるべく学ぶ負担を減らすか、あとから学びたいときに自力で学んでもらうか、と考え、わが家は前者を選びました。

たしかに、あとから自分で学ぶことはできるけれど、私自身の経験を考えたときに「英語が話せるようになる」ということは自力で登るには相当ハードルが高いことだったからです。一方で、英語圏で育てばもちろん2、3歳児でも話せるようになるくらい、環境さえ整っていれば英語は習得できるものです。

ということで、英語は親から環境をプレゼントすることで、子どもたちの可能性が広がったらいいな、そんな思いで取り組んできました。

YouTubeやゲームとの付き合い方

わが家は基本的には「YouTube やゲームはやらない」というスタンスです。ゲームはスーパーファミコンのみ家にあり、しかも私もしくは夫が家にいるときしかコードをつなげないので、息子たちはほとんどやりません。仮に息子たちがコードをつなげられたとしても、私たちが小さい頃に流行った「ドンキーコング」や「星のカービィ」しかできないので、すぐに飽きて長時間ゲームしっぱなし、ということはありません。

YouTube は２０２０年春、新型コロナウイルス感染症が本格的に蔓延《まんえん》する前、長男が年中さんのときに「卒業」しました。なぜ「卒業」したのかというと、長男の集中力の短さに衝撃を受けたからです。

ある日、長男が切り絵をやりたい、というので紙とハサミを渡してあげました。そのとき、私は長男の近くでパソコンを使って資料づくりをしていました。２分くらい経った頃、長男が突然、「どうが（動画）！　どうががみたい！　どうが！」

と言い始めたのです。その頃はよく、長男に動画を見て静かにしてもらっていたので「あぁ、やっぱりこうなっちゃうか……」と長男の心境は理解しつつも、「でも、こんなに一瞬で動画が見たくなるってヤバくない？　動画に取りつかれてしまっている！」と長男の集中力の短さにショックを受けてしまいました。

この一件があり、長男に動画を見せるのはやめようと決めたのです。ただ、こちらが一方的にスマホを取り上げたら、長男は絶対に納得しないことは目に見えていました。そこで私は長男とじっくり話し合うことにしました。「なぜママはYouTubeをやめてほしいのか」を説明したのです。それでもやはり、好きなものを取り上げられることは長男からしたら悲しいことでしかないので、YouTubeの代わりに長男がやりたいことを始める、という約束をしました。

ちょうどそのとき長男が「やりたい」と興味を示していたのが、ベネッセコーポレーションの「こどもちゃれんじ」。さっそく私は申し込みをしました（ちなみに、私は通信講座なるものは一切やったことがなかったので、教材が届いたときは新鮮な気分でした）。「こどもちゃれんじ」を始めてから、家では動画が見られるすべての機器を使えないようにして動画とは「おさらば」しました。この「こどもちゃれんじ」は今も続けていて、単純な計算問題などはあまり興味を持っていないようですが、理科や社会などの知識については興味津々で、自分なりに楽しんでいるようです。

ただ、長男が小学校に入学してからは、学校からひとり1台タブレットPCが貸与されました。担任の先生の判断によってはタブレットPCを自宅に持ち帰ることができ、そのタブレットPCではYouTubeも見られる状態になっているので、現在は「完全に」YouTubeを遮断する環境にはならなくなってしまいました。とはいえ、年中さんのときとは違って、自分で動画をみる時間をコントロールできるようになっていますし、動画だけではなくタイピングやプログラミングに興味があるようでそれもやっているので一概にYouTubeはナシ！　というわけでもなくなってきています。

YouTubeやゲームとの付き合い方は常に迷い、息子や夫とも話し合いを重ねてきました。今でも私と夫、そして息子の間で「これがいい」と納得する付き合い方は決まっていません。ただ、私が塾長として多くの親御さんたちの話を聞く限りでは、「ゲームやYouTubeが相当多くのお母さんのストレスの原因になっている」というのが正直な感想です。

「うちの子はテスト前でも1日5時間以上ゲームをやらないと気がすまなくて、テストの点数が落ちてしまった」

「ゲームを取り上げたところ、暴れて机を壊されました」

「テスト前は自分でゲームの時間を控えているみたいですが、テストが終わるとほとんど一日中やっています」

「家では帰ってくるとずーっとYouTubeばかり見ています。会話もないので困っています」

YouTubeやゲームさえこの世に存在しなければ、お父さん、お母さんはだいぶストレスから解放されるだろうと思えるほど、YouTubeやゲームが親子間のいさかいの原因になっていました。

その一方、当の本人たちは親御さんの心配は露知らず、という感じです。塾長として生徒たちに「好きなこと、頑張っていること」を聞くと、それも「ゲーム」「YouTubeで見ている何か」であることがとても多いのです。

「スマブラ（任天堂のゲームの「大乱闘スマッシュブラザーズ」シリーズのこと）のスコアがこのくらいで、あと少しで神レベルまでいけるのでもっと上げたいと思っています」

「マイクラのウーパールーパー繁殖場を今つくっているんです」

「YouTubeでK‐POPアイドルのPVを見て、ダンスを練習しています」

など、彼らは彼らの中でYouTubeやゲームを本気で楽しみ、本気で挑戦しています。そしてYouTubeやゲームに接することで興味の幅が広がるきっかけにもなっているな、と感じます。

ゲームもYouTubeも、それ自体が悪いものでは決してなく、むしろ知らない世界を見せてくれる素晴らしいものです。ただ、だからこそ自分で制御できないときに出会ってしまうと抜け出せなくなってしまいます。逆に、時間を守れる、制御できる状態であればそこまで大きな問題にはならないケースもあると思います。何をよしとするかは、子どもの年齢や成熟度、親子関係、家族関係、どんなルールをつくって実際にそれを守れるかに大きくよると思うのです。

親御さんや生徒さんたちの話を聞き、また、子育てやYouTubeなどとの付き合い方についてまとめた記事や本を読んだ結果、私の出した答えは、「わが子にはゲームをさせない、動画を見せないようにしよう」というものでした。その理由は以下の通りです。ゲーム好きのシッターさんにLINEで送ったものをそのまま転載させていただきます。

なんでゲーム、動画を見せたくない、やらせたくないのかを説明するね。

〈前提〉

まず、ゲーム、動画が絶対的にだめなもの、とは思っていません。

ただ、ゲームとか動画って楽しすぎるんだよね。現実世界では見れないようなものに出会えるし。

だから、もちろんいい面もあるとおもう。いい使い方もできると思う。

ただ、楽しすぎるからやりたくなるのは当たり前だと思う。そこから現実世界に引き戻されるときに、どうしても辛くなっちゃうと思うんだよね。毎回、時間制限をつけて、嫌がる子どもから引き剝がして、っていうのは疲れちゃうし、辛い思いしてほしいわけじゃないし、親子でそんな争いをしたくないの。

親が与えたくせに、親が取り上げるっていうのもわけわかんないな、って思うし。じゃあ最初から与えるなよ、と私が子どもなら思う。

〈ゲームの恐いところ〉

1　楽しすぎて長時間やりすぎてしまう

そりゃあボタン一つでめっちゃとべて、好きな資材がいくらでも手に入って好きなものをつくれるって楽しいよね！

私もうまくなればめっちゃ楽しいと思う！

楽しいことをやるのはいいことだと思うんだけど、バランスが大事だと思う。勉強もやりすぎたら肩凝るし運動不足になるし。

ゲームも、もちろん運動不足になるよね。
2　成果が簡単に出ることが当たり前になり、粘れなくなる
ゲームは、楽しく長時間続けるようにつくられているから、すぐに成果が出るよね。

ラスボスまで時間はかかるかも知れないけど、やる人がイヤにならないくらいの負荷でつくられているはずなんだよね。

クリアするのが難し過ぎるゲームって人気でなさそうだよね。

で、それに慣れてしまっていると、例えば運動とか、勉強とか、成果がすぐにでないものに対して粘れるのかな……？って思う。

何事も楽しめる人に育ってもらいたいんだよね。何事も楽しめるまでには時間がかかるから、それを乗り越えられる人になってほしい。

だから、わざわざ今ゲームをする必要はないのかなって思う。
3　楽しみ方が制限されているので、好きなこと、得意なことの幅が広がりにくい

例えば、ピタゴラスイッチを見ると、「どうなっているんだろう?」と仕組みが気になるかもしれないけど、ゲームは、「どうなってるんだろう?」と思う子どもは少ないと思う。目に見えるところに仕組みがあるわけじゃないから、「こうやってできてるんだ」と思わないよね。

まさか小1が「よーし！　じゃあゲームのプログラミングを勉強してこんなゲームをつくってみよう!」とは思わないと思うから（思う人もいるかもしれないけど）

ゲームを「やる」ことしかできないよね。

ゲームじゃなくて、仕組みが簡単なものなら、それを自分で応用させることができる。工夫する力が生まれる。

でも、ゲームでは生まれにくいと思う。

という理由から、私は安易に息子たちにゲームの世界に足を踏み入れてほしくないです。

そして、一度与えてしまったら、それは親が悪いのだと思います。ゲームに子守りをさせるために与えたくせに、やりすぎたら取り上げる、なんて理不尽な姿勢を子どもに見せたくないです。頑張って育ててきた、こんなにかわいいかわいい愛しているわが子に、少しでも悪影響のありそうなことをみすみすやらせる、なんてことはしたくないです。

ということで、協力をお願いしたいです！

私たちがいつ死んでもこの子たちは幸せに生きていける

2024年5月の母の日。夫婦だけで研修を受けに宮古島に向かいました。宮古島行きの飛行機に乗っていたとき、気圧などの影響で突然、機体が上下にグラグラと揺れ始めました。

不意の事態にビビッた私は「このまま子どもたちの顔を見ることなく死んでしま

うかもしれない」とそんな風に思い、目から涙が溢れ、止まらなくなってしまいました（実際には多分そこまで恐れるような揺れではなかったのですが……）。

そこで、これまでの人生で思い残すことがないように、と遺書を書き始めたのです（われながら極端なやつです）。

みんなへ
今日は母の日です。
だから、みんなに伝えたいことを書きました。
ママがもし今死んでしまっても、ママには後悔はないです。
ママはもっている愛情をみんなに伝えられている自信と自負があるからです。
りゅうもはるもしほうも、絶対に一生幸せに生きていけます。
そして、まわりの人を幸せにしながら一生生きていくと思います。

みんなはすでに、まわりのたくさんの人を幸せにしています。

みんなが生まれてきてくれて、健康で元気で笑顔で生きていてくれるだけで、パパもママもじいじもばあばも、本当に幸せです。

だから、これからもずっと、健康で元気で笑顔で生きていけるように、自分を大事にしてください。

自分を、誰よりも一番大事にしてください。

自分以上に大事な人はいません。

何かを選ぶときには、「どうしたら自分がうれしいか、幸せか」を考えてください。

もしこの先、不幸せな状況にいることになったらすぐにその状況を変えてください。

一緒にいて嫌な人からは逃げてください。

不愉快な空間にはいかないでください。

一緒にいて楽しい人、テンションがあがる人と一緒にいるようにしてください。
やることでさらに自分のことを好きになることをやってください。
パパもママも、一緒にはいられないかもしれないけど、ずっと見守っています。ずっと祈っています。
生まれてきてくれて、
出会ってくれて、
本当にありがとう。
たくさんの幸せをありがとう。
ママはみんなに会えて、
みんなのママになれて本当に幸せです。

こんな風に思って暮らしているから、未練はあっても後悔はない。もっとやれることはあるかもしれないけれど、常に最善は尽くしている。きっとわが子たちには、生まれてから今までに惜しみなく伝えてきた「私たちは愛されている、この世に必要とされている」という実感があります。「愛情」という大きな翼で、どんな困難も乗り越えていける。そう思うのです。

その後、機体の上下動はなくなり、安定した飛行で無事に宮古空港に到着。空港に着いてから、夫は「怖かったね。大丈夫?」と心配しつつも、突然遺書を書き出す私に「希は感受性高いからな〜」と話していました。最愛の家族に恵まれて、最高の環境の中で、自分はなんていい子育てをさせていただいているんだ、そんな風に自信を持てた日になりました。

まだわが家の子育ては真っ最中で、どんな人間に育っていくのかは全くわかりません。子どもを育てているようでいて、親として育てていただいていて、子どもと一緒に成長する日々は、うまくいくことよりもうまくいかないことのほうが多かったりもします。

けれど、心から愛していてかわいい「わが子」という存在に「パパ大好き!」「ママ大好き!」と言ってもらえて必要としてもらえる日々は幸せそのものですよね。どんなに頑張ったとしても、きっと後から振り返ったときに思うのです、「あの時間は本当に特別だった。もっと大事にしておけばよかった。もっとかわいがっておけばよかった」と。だからこそ、今この瞬間に、日常の中の幸せにもっともっと感謝し、楽しみ、味わうことが大事だと思うのです。

「子育てって大変だよね」と言われることは多いけれど、それでも「子育てって本当に最高だよ！」と心から言える自分でいたいと思います。塾の生徒たち一人ひとりに、面談で将来の夢や、理想とする30歳像を聞くことがありますが、小学1年生の女の子が「将来、ママみたいなお母さんになりたい」と答えてくれました。この言葉を耳にし、「ああ、この子のお母さんは、母親であることに誇りを抱いていて、それが娘さんにちゃんと伝わっているんだ」と思いました。そして、私は母親であるという誇りを持ってよいのだと思い、泣きそうになりました（目は涙でウルウルしていたので、泣きそうになっていたことはバレバレだったかも？）。

「パパになることって最高に楽しいよ！」「ママであることって最高に幸せだよ！」そんな風に父親であること、母親であることの誇りを子どもたちにきちんと伝えていけば、きっと大人になって家族をもつことを楽しみに思える子どもがもっと増えるのではないかと思います。

子育ては、大変なことも多いけれど、それ以上に楽しく、尊く、喜びに満ちた営みです。私たち自身がそれを誇りに思い、実感しながら、褒め合いながら、感謝しながら、これからも子育てを楽しんでいきましょう！　えいえいおー！

全国のお父さん、お母さんのお役に立てますように！

小・中・高校生向けの学習塾の塾長をしていると、多くのお父さんとお母さんが子どもの教育について日々悩まれている声を耳にします。愛情が強すぎるがゆえに力が入りすぎて逆効果になってしまっていたり、「やらせないといけない」という強迫観念で子どもに無理強いしたり、逆に、なんでも子どもの言う通りにしすぎてお母さんがストレスをため込んでいたり、受験が控えているのに子どもが勉強しないことに困っていたり……その悩みは本当にさまざまです。

お父さんとお母さんの悩みをお聞きしているときに、「私はこんな感じに育ってきましたよ」「私の母はこうやって関わってくれましたよ」「こんなきっかけで東大を目指しましたよ」などと私自身の話をすることで、「え？　東大に行くような人もこんな感じだったの？」「学校の勉強をしっかりしていれば東大も夢じゃないのか」「わが家の育児は間違っていないのかもしれない」そんな安心感を抱いていただけることが多くありました。

ただ、私の生い立ちやわが家の子育ては、私にとってはあまりにも当たり前すぎて「こんなことが本当にお父さんたちやお母さんたちの役に立つのだろうか？」と思う気持ちは正直あります。それでも、これまで「希先生に出会えてよかった」「希先生と話すと勇気が湧いてきます」といったたくさんの有難いお言葉をいただき、本当に嬉しかったと同時に、私が勇気づけられたことのほうが多かったように思います。そして次第に、私が自身のことを発信することで一人でも多くのお父さん、お母さんのお役に立てたらこんなに嬉しいことはない。そう思って書き進めさせていただきました。

この本が完成するまで、たくさんの方々の支えをいただきました。まず、編集の平井瑛子さん。平井さんの励まし、伴走がなければ、この本は完成しませんでした。また、出版セミナーでお世話になっている木暮太一先生、人として経営者として成長する場をつくってくださっているアチーブメント株式会社の青木仁志社長のおかげで人生がさらに楽しく豊かになりました。そして、幼なじみのユウタ、カズキ、モリさん、ひかり、のぞみちゃん、こんなに洗いざらい書いちゃってごめん。改めて出会ってくれてありがとう! アドバイスをくれたあゆ、まきこ、元も本当にありがとう。また、塾の保護者の皆さま、生徒、講師の皆さん。皆さんと出会えたおかげで今の私があります。

いつも優しく支えてくれる夫・ゆうくん、姉・まいちゃん。いつも応援してくれてありがとう。そして3人の息子たち。りゅう、はる、しほう。あなたたちがいてくれるから、どんな挑戦も乗り越えられます。最後に、私を育ててくれた父と母。パパとママの子どもで良かった。改めて心からそう思います。

この本が、読んでくださった皆さんの人生に少しでも役立つものとなりますように。

ありがとうございました。

2025年2月

中村希

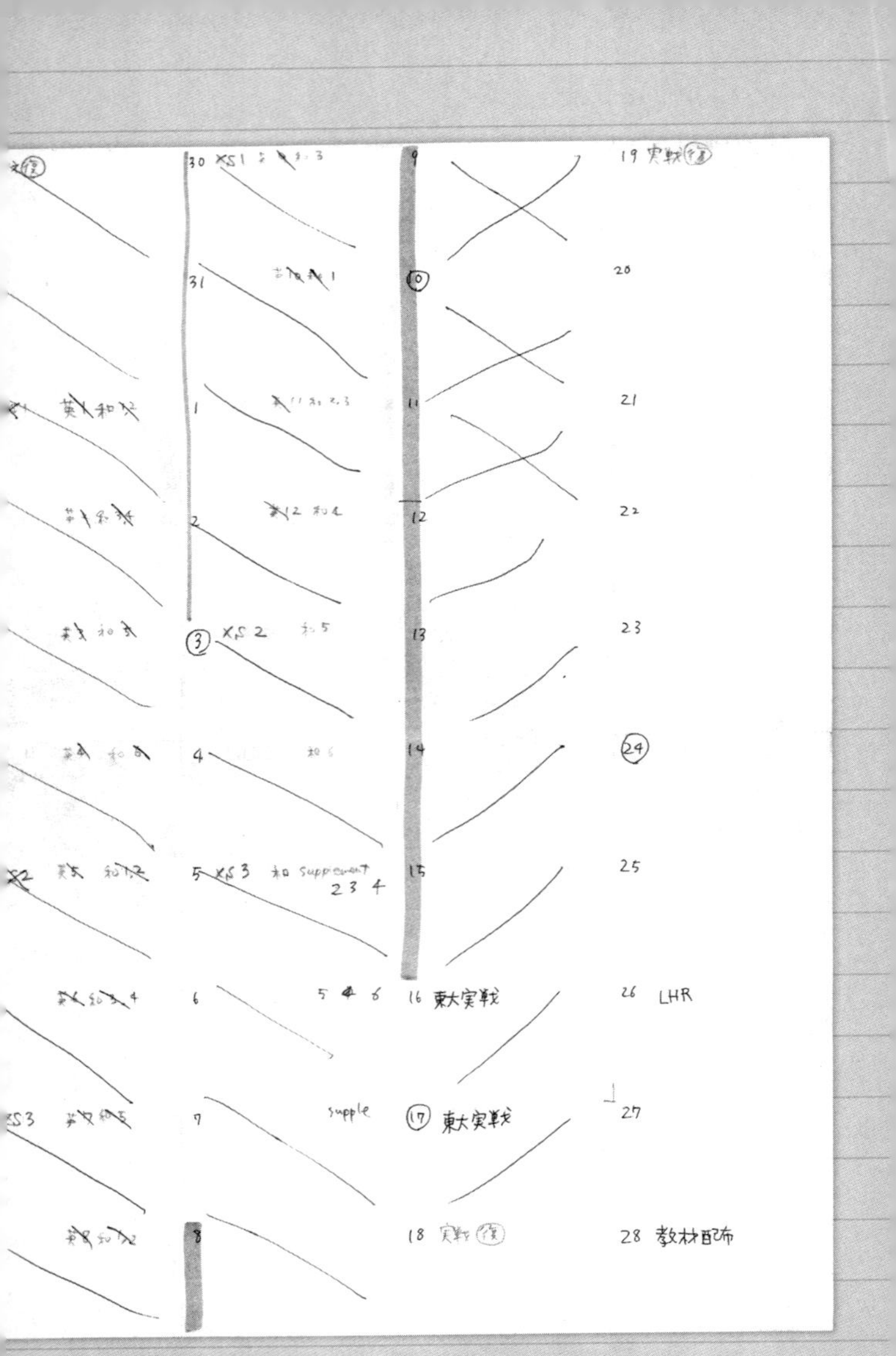
30 XS1
31
1
2
3 XS2 和5
4 和6
5 XS3 和 supplement
2 3 4
6
5 4 6
7
supple
8
9
10
11
12
13
14
15
16 東大実戦
17 東大実戦
18 実戦
19 実戦
20
21
22
23
24
25
26 LHR
27
28 教材配布

巻末付録：１枚のＡ３用紙を賢く使う方法

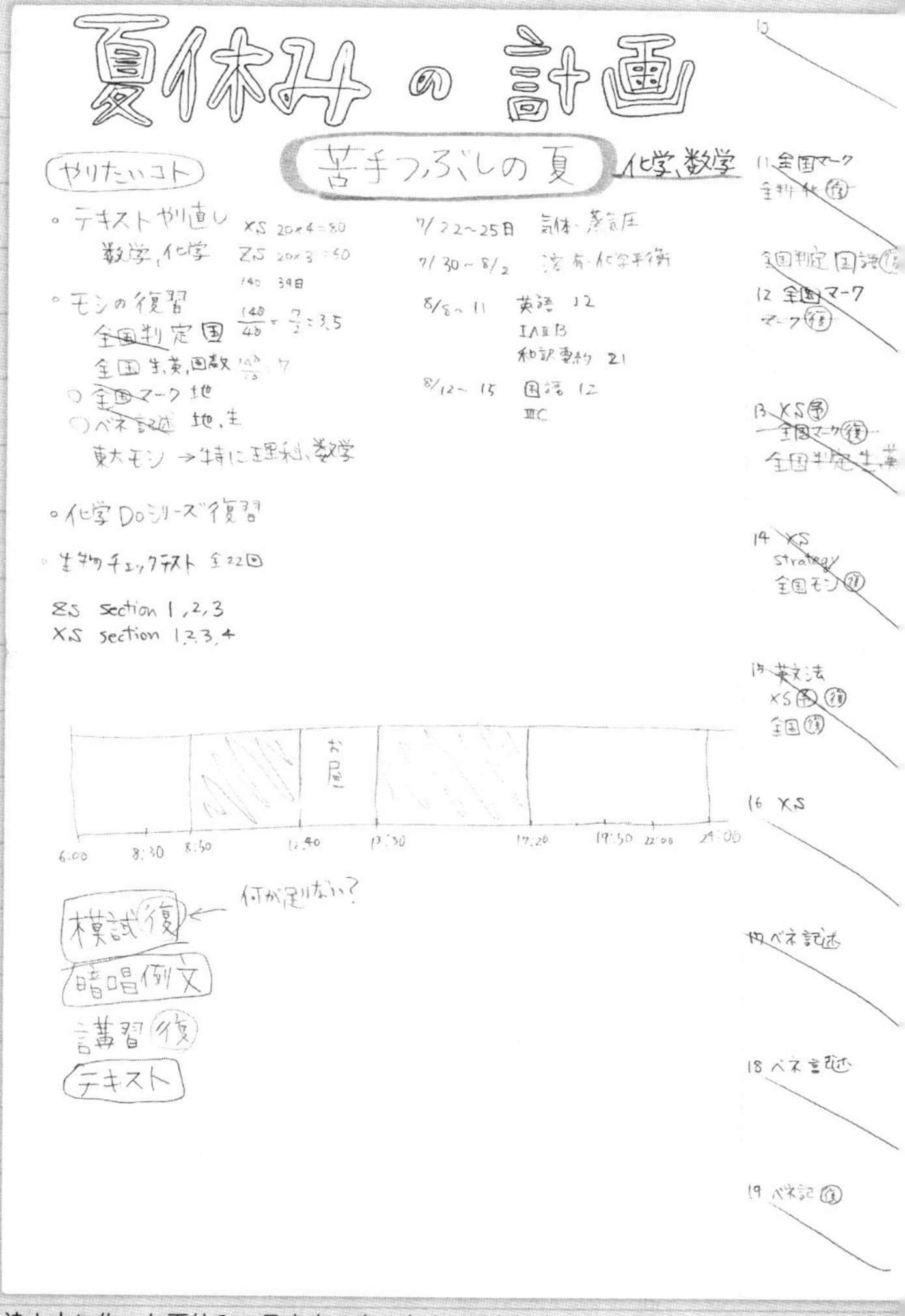

浪人中に作った夏休みの予定表。表の左上に目標とやるべきことを記入。
その下には１日の大まかなスケジュールも書き込み、机に向かうためのテンション
を上げた

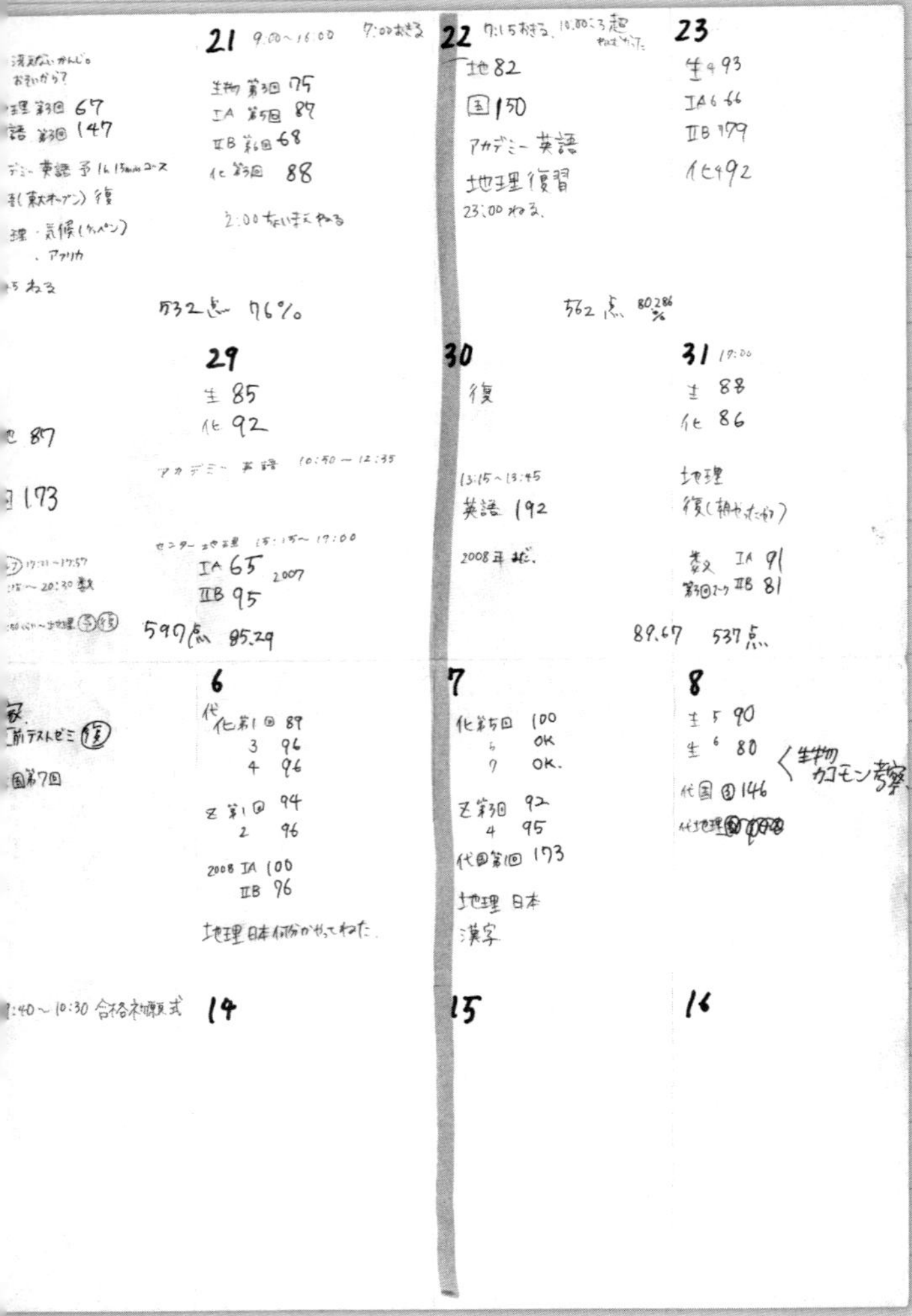

冴えないかんじ。
お疲れから?
地理 第3回 67
国語 第3回 147
アカデミー英語 予 1h 15min コース
数学(東大オープン) 復
地理・気候(ケッペン)
・アフリカ
ねる

21 9:00～16:00 7:00おきる
生物 第3回 75
IA 第5回 87
IIB 第6回 68
化 第3回 88
2:00 ないまえ ねる
532点 76%

22 7:15おきる。10:00ごろ起 やはりだった
地 82
国 150
アカデミー英語
地理復習
23:00 ねる。
562点 80.286%

23
生 4 93
IA 6 66
IIB 179
化 4 92

地 87
国 173
17:11～17:57
～20:30 数
～地理 予 復

29
生 85
化 92
アカデミー英語 10:50－12:35
センター地理 15:15～17:00
IA 65
IIB 95
2007
597点 85.29

30
復
13:15～13:45
英語 192
2008年 まだ。

31 17:00
生 88
化 86
地理
復(朝やったやつ)
数 IA 91
第3回マーク IIB 81
89.67 537点

数
前テストゼミ 復
国 第7回

6
代
化 第1回 89
3 96
4 96
乙 第1回 94
2 96
2008 IA 100
IIB 96
地理 日本 何分かやってねた。

7
化 第5回 100
6 OK
7 OK.
乙 第3回 92
4 95
代国 第1回 173
地理 日本
漢字

8
生 5 90
生 6 80
＜生物 カコモン考察。
代国 ③ 146
代地理

:40～10:30 合格祈願式
14
15
16